MW01236348

LA GUERRE DES GUSSES

La collection *l'Aube poche* est dirigée par
Marion Hennebert

Du même auteur :

Disponibles, Maspero
· *L'Homme à l'oreille coupée*, Métailié, 1992

Couverture : atelier graphique des éditions de l'Aube
Illustration : d.r.

© Georges M. Mattei, 1994
© Éditions de l'Aube, 1995, 2001,
pour l'édition en poche

ISBN : 2-87678-669-9

Georges M. Mattei

La guerre des gusses

éditions de l'aube

Index des
abréviations citées

ZOK : Zone Opérationnelle de Kabylie

DOP : Dispositif Opérationnel de Protection

ALN : Armée de Libération Nationale

POUM : Partido Obrero de Unificacion Marxista

DST : Direction Surveillance du Territoire

FTP : Francs-Tireurs et Partisans

FLN : Front de Libération Nationale

« Là-bas la Patrie est en danger, la Patrie est au combat. Le devoir, dès lors, est clair. À ceux qui ne sont pas astreints à la discipline militaire, il commande à tout le moins ce minimum de discipline civique qui leur interdit tout acte et même tout propos susceptibles de jeter le trouble dans l'âme des enfants de la Patrie que la République appelle aux armes pour opposer à d'abominables violences la force française inséparable de la générosité française. »

*René Coty, président de la République
Verdun, le 17 juin 1957.*

« À bas Lacoste !... À bas Guy Mollet ! »

Des rappelés, juin 1956.

1.

On nous avait déguisés en guerriers et nos treillis neufs et trop larges n'arrivaient pas à ressembler à des tenues de combat. Nous étions une bande de balourds traînant la godasse le long des haies, lorgnant les cerisiers et les filles à vélo. C'était le mois de juin, et le mois de juin c'est assez superbe. Nous étions dégrafés, le casque à la ceinture, rempli à plein bord de cerises maraudées. C'était « la récré », citadins blafards nous trouvions la campagne jolie, mais pleine d'insectes emmerdeurs. C'est là qu'on a commencé à discuter et à râler tout en se grattant, même que Nonosse qu'avait une belle voix de basse, il s'est mis à gueuler que « le peuple français y ferait jamais la guerre au peuple bougnoule ». Les officiers ils ont un peu protesté mais pas trop, c'était des rappelés comme nous.

Nonosse, il a encore dit qu'il fallait « faire quelque chose », que la classe ouvrière elle nous laisserait pas tomber et que les syndicats ils empêcheraient « les trains de rouler et les bateaux de naviguer ». Il s'est

11

payé un franc succès le Nonosse, même qu'en arrivant à la caserne, après avoir traversé la ville sous le regard amusé des passants, le climat était plutôt tendu chez les rappelés.

Ils étaient là et moi avec, gueulant et hurlant que c'était pas à nous d'aller à la castagne, qu'on avait fait notre service et tout, qu'on était déjà marida, qu'on avait des enfants, les traites de notre petite auto à payer et qu'on voulait pas être cocus. On chantait sur l'air des lampions :

« Nous on veut pas partir-eu, nous on veut pas partir-eu... »

C'est ce jour-là que je suis devenu copain avec Nonosse. C'était une vraie nature de tribun, un bel agitateur. Je le suivais pas trop quand il affirmait que les cheminots ils empêcheraient les trains de rouler, vu qu'un bon paquet de rappelés avaient déjà débarqué en Algérie et que l'époque des congés payés arrivait. Mais pour foutre le bordel, je lui faisais confiance, il en connaissait un rayon. Je me suis retrouvé avec lui et nous avons pris la tête de la manif d'autor après avoir fait taire leur gueule à deux ou trois fayots qui voulaient y aller, eux, en Algérie, sous prétexte que l'Algérie c'était la France. Ça a vraiment commencé à chauffer quand l'un d'entre eux a rappliqué avec un général deux étoiles qui passait par là.

Le caporal qui l'accompagnait a commencé à brailler : « A vos rangs... fixe ! » Il y a eu comme un moment de flottement. Déjà, quelques gusses se regroupaient en traînant leurs godasses, quelques sous-offs se pointaient pour jouer les mouches du coche, croyant le mauvais moment passé, ils venaient vicieusement assister à notre défaite. C'est alors que Nonosse a poussé une gueulante :

— On veut rentrer chez nous !

J'ai gueulé moi aussi, et puis d'autres, et les traîneurs de godasses ont crié eux aussi « On veut pas partir-eu... »

Le général a commencé un discours :

— Les Français d'Algérie sont des Français comme vous et, en 1940, ils vous ont défendus. Ils vous appellent au secours pour écraser quelques bandits. La France...

Ce mot-là, la France, fut salué par des huées et les gusses retrouvèrent leur colère encore chaude.

Le général était tout rouge, son képi de travers. Il avait saisi le bras de Nonosse et vociférait « tribunal militaire... bandes de traîtres... vous poignardez vos camarades dans le dos... » Courageusement, par-derrière, j'ai fait tomber son képi étoilé et je lui ai mis un coup de pied dans le cul. Tous les gusses se sont marrés, un général sans képi, ce n'est plus un général, et les gusses ont commencé à le bousculer comme on faisait pour les cafeteurs à l'école primaire. Un climat de franche rigolade s'était installé, le général passait d'une main à l'autre ; nous n'entendions plus ses menaces. On le traitait de connard, de pédé et d'enculé, il y avait aussi de vilaines allusions à sa mère qui aurait été une grande pute.

Enfin, il roula dans la poussière et, après avoir glavioté abondamment sur son bel uniforme, nous l'abandonnâmes en compagnie du caporal qu'on avait déculotté pour l'humilier, ce traître. Il faut dire que ça tournait à l'émeute, carrément. On a commencé à tout casser dans la caserne, les quelques engagés s'étaient retranchés dans le poste de police, les bidasses du contingent qui croyaient s'en tirer en s'écrasant nous reluquaient avec un brin d'envie avant de se barricader à leur tour dans leurs baraques.

Alors on s'est retrouvés devant les grilles et le poste de garde. La sentinelle nous regardait avec des yeux exorbités.

— Alors, tu l'ouvres ta grille, qu'il a dit Nonosse.

— Alors, tu l'ouvres, qu'on a repris en chœur.

Il l'a ouverte, la grille, le bidasse, et il s'est planqué. Devant nous se présentait une large avenue, c'était le boulevard de la République.

Nous étions des centaines de gusses, bras dessus, bras dessous, dépoitraillés, montant le boulevard dans un grand désordre heureux. Nous défilions, parodie de marche militaire, en scandant :

— Aux chiottes l'armée !

— La quille !

— On veut pas partir !

— A bas Lacoste, à bas Guy Mollet !

Les habitants de cette petite préfecture bourgeoise

assistaient à notre défilé avec effarement. Devant l'absence d'applaudissements, on a commencé à crier :

— Les cocus au balcon !

Il faut dire qu'il y avait du monde aux balcons, qui nous toisait avec hostilité.

Le boulevard de la République débouche sur la place du 18-juin-1940. Quand nous arrivâmes sur la place, il y eut un mouvement de surprise suivi d'un instant d'hésitation. Autour du monument aux morts se trouvait un groupe d'anciens combattants, drapeaux brodés au vent face à une section de bidasses en armes flanquée d'officiels saucissonnés de tricolore.

La colonne se dirigea vers les lieux de la cérémonie commémorative en braillant « Aux chiottes l'armée ! »

Un capitaine flambant neuf commandait :

— Pré...zentez armes !

Nos cris couvrirent son ordre.

— Aux chiottes l'armée !

— La quille !

— A bas la guerre !

Nous étions au contact, les bidasses ne présentèrent pas les armes.

— Avec nous, avec nous !

La section d'appelés se dissolvait dans notre corps de troupe. Le capitaine courait dans tous les sens tentant de la reconstituer.

Les anciens combattants, le moment de stupeur

passé, se regroupaient en carré. Il y avait là quelques moignons décorés, l'association des anciens prisonniers et fiers de l'avoir été, deux obèses en pyjama rayé et deux ou trois gueules cassées haineuses, décorations branlotantes, qui commençaient à s'agiter, suffoquant de colère.

— Petits salauds...

— Vendus...

— Cocos...

— Bande de pédés...

Le dialogue s'établissait entre les générations.

— Vieux cons ! Vous avez perdu toutes vos guerres.

— Petits merdeux, sans nous les Boches seraient encore là !

Le dialogue s'installait — mais la tension montait.

Je crois que Nonosse voulait empêcher la bagarre mais un borgne hargneux le frappa sur la tête avec la hampe de son drapeau qui portait comme devise tracée au fil d'or « Fidélité ». Un vieux guerrier me chargea, utilisant le sien comme une lance, la pointe en avant, en grognant :

— Mort aux Juifs !

Tous les vieux cons l'imitèrent et entrèrent dans la danse, frappant, pointant, piquant, il ne manquait que quelques chevaux pour se croire à Fachoda.

Nous on n'y tenait pas à la bagarre avec les anciens, on voulait se marrer un peu et surtout ne pas y aller chez les Bougnoules.

16

La guerre des gusses

On a bien tenté un repli tactique mais les têtes chenues portant fièrement le calot des marsouins, le béret rouge et le béret banal avaient décidé de défendre la place et le monument aux morts que nous profanions par notre seule présence.

C'est là qu'on a vu des gusses saisir la tige des glorieux étendards et tirer de leur côté tandis que les ganaches tiraient du leur. Des groupes se formaient, encourageant les sportifs comme dans les foires.

— Tire bon Dieu !

— Vas-y Toto !

Il y avait des anciens qui tombaient sur le cul, les gusses tiraient comme des forcenés et les traînaient sur le sol. Un gusse se sauvait avec un fanion, poursuivi par les anciens prisonniers. Quelques drapeaux traînaient dans la poussière, on se battait comme des chiffonniers mais le combat tirait en longueur, incertain.

Ce dur corps à corps nous avait donné soif, les gusses investirent le café-brasserie de la place, *Les Trois Obus* qu'il s'appelait à cause des trois obus — souvenirs de la guerre 14-18 — qui ornaient le monument aux morts. Le café envahi fut pillé, les canettes circulaient, les bouchons sautaient et les cadavres disparaissaient dans un bruit de verre brisé. Ça dégénérait. Quelques gusses montraient leur cul aux spectateurs des balcons, d'autres leur promettaient de les sodomiser à la première occasion.

— Les flics !

Un gusse essoufflé, un fanion d'ancien prisonnier à la main, venait nous avertir :

— Les flics arrivent.

Ils étaient déjà là, occupant la gauche de la place. C'était la garde mobile et les CRS.

On a renversé les chaises et les tables de la terrasse des *Trois Obus* et puis on a commencé à les canarder à coup de canettes et de tessons de bouteille.

Il y avait en nous, je crois, un secret désir d'affrontement avec quelque chose qui symbolisât ce gouvernement qui nous avait déguisés en guerriers.

Les flics ont d'abord reculé et puis ils ont répliqué à coups de grenades lacrymogènes, les cons, tandis que les « cocus au balcon » nous envoyaient par-derrière des objets divers et des bassines de flotte et que les anciens combattants chargeaient enfin, en ordre, la pointe de la hampe des drapeaux en avant, en chantant *C'est nous les Africains*. On n'a pas construit de barricade. Notre formation militaire, même succinte, nous avait enseigné que les barricades servent à empêcher les charges de cavalerie et les CRS étaient à pied. On a décroché. On s'est dispersés dans les rues en pleurant, on s'est perdus dans les faubourgs, on s'est couchés dans l'herbe et on a attendu la nuit.

Je suis rentré en stop à Paris avec Nonosse. On s'est séparés place d'Italie, devant la mairie. Laconique qu'il était ce soir-là, le Nonosse, il m'a simplement dit :

— Tu vois, une révolte ce n'est pas la révolution.

Et puis on s'est serré la main.
— À lundi, qu'il a marmonné.
Nous étions un vendredi soir, notre détachement, le détachement « Pâquerette », devait rejoindre l'Algérie dans trois jours.

Le lundi matin, devant la gare, j'ai retrouvé les gusses. Nous avions tous remis un peu d'ordre dans nos toilettes. Les visages étaient blafards, les yeux cernés, quelques sparadraps roses décoraient les fronts les plus hauts. Les regards fuyaient, les mentons étaient bas, les corps en berne ; notre regroupement devant la gare signait l'aveu de notre défaite.
Il s'était gouré sur toute la ligne le Nonosse. Les syndicalistes préparaient leurs petites affaires pour aller à la plage et les familles prolétaires nous avaient houspillés et sermonnés durant toute la fin de semaine. Comme quoi nous étions des petits salopards et qu'il fallait faire notre devoir, et leur apprendre, aux Bougnoules, qu'ils avaient rien à gagner à se comporter comme des sauvages.
J'ai retrouvé Nonosse dans le train, il taisait sa gueule. J'avais vu dans le journal que des mauvais Français avaient coulé du ciment dans les aiguillages pour empêcher les trains de partir et que des femmes que j'imaginais belles comme des *Marseillaise* s'étaient couchées sur les rails devant les locos. Le journal disait encore que c'était des hystériques mani-

pulées par les cocos et que les cheminots patriotes les
avaient virées à coup de savate en leur disant qu'eux,
ils devaient faire leur boulot.

Nous avons descendu le boulevard de la République
bien sagement et, spontanément, à cent mètres de la
caserne, on s'est mis en colonne, par quatre et au
pas.

— Alors, tu l'ouvres c'te grille ?

C'était la voix de Nonosse, un peu voilée.

La sentinelle, un sourire aux lèvres, s'est tournée
vers le caporal qui a interrogé du regard le sergent qui
a hoché affirmativement le chef.

La sentinelle a ouvert la grille et nous sommes
rentrés au quartier, en colonne, par quatre et au
pas.

En dehors de quelques ricanements de sous-offs,
tout le monde a fait comme si rien ne s'était passé. Le
caporal qu'on avait déculotté est venu nous dire de
préparer notre paquetage et que des camions allaient
nous conduire jusqu'à la gare de marchandises.

Depuis notre retour, Nonosse m'évitait, il prome-
nait une tête sinistre et ne causait avec personne.

Nous atteignîmes Marseille sans histoire, les cheminots exaspérés par l'usage des sonneries d'alarme les
avaient rendues inutilisables. Il faut dire que d'autres
rappelés en avaient largement usé pour retarder
l'heure du départ en Bougnoulie.

À Marseille, après nous avoir numérotés à la craie
sur nos casques neufs, on a fait embarquer le détache-

ment « Pâquerette » à dix-huit heures sur l'*Athos II,* le même navire qui avait servi au transport des renforts pendant la guerre d'Indochine.

Les marins se faisaient du fric en heures supplémentaires et la rotation des navires était des plus rapides. Les trains roulaient, les bateaux naviguaient.

Sur le pont, j'ai rencontré Nonosse. Il m'attendait. Il regardait s'éloigner Marseille sans mélancolie ; je le vis saisir dans la poche de son treillis deux bouts de carton qu'il déchira et jeta dans la mer.

— Ma carte du parti et ma carte du syndicat. Ce sont des porcs, ils nous ont laissés tomber... jamais plus on m'encartera.

Nonosse s'est engouffré dans une coursive et il a disparu.

J'ai retrouvé Nonosse dans une grande salle ornée de drapeaux tricolores et d'une énorme carte de l'Algérie. Nous étions debout et gauches, une bonne quinzaine de gusses devant une longue table derrière laquelle siégeaient une dizaine d'officiers décorés et bronzés. Ça ressemblait à un tribunal. Un caporal a hurlé « Garde à vous ! » En se heurtant, nos talons ont fait un énorme boucan.

Les officiers nous détaillaient d'un air mauvais ou rigolard.

Le colonel en tenue de combat camouflée croisa ses

bras musclés et cuivrés, il nous fixa en fronçant les sourcils puis éclata de rire.

— Regardez-moi cette bande de cloches.

Les autres rigolèrent en descendant la voie hiérarchique. Le caporal n'osa pas ; quant aux tirailleurs sénégalais qui formaient la haie le long des baies vitrées qui s'ouvraient de chaque côté de la pièce, ils se contentèrent de montrer leurs dents blanches.

— Alors on voulait pas venir nous donner un coup de main ?

Ce n'était pas une question à laquelle nous devions répondre. On leur avait donné nos noms aux officiers et c'était pas pour nous remettre des décorations, nous étions deux ou trois par détachement, dénoncés comme meneurs.

— Je vais vous apprendre à tirer les sonnettes d'alarme, à foutre le bordel dans nos villes, à jouer les soviets. Je vais vous apprendre à vivre en attendant que les fels vous coupent les couilles... pour ceux qui en ont.

Je commençais à sentir une crampe dans ma jambe droite.

— Garde à vous ! hurla le caporal.

Le colonel s'était levé et nous examinait comme du bétail de foire. Il nous regroupa par trois, je me trouvais avec Nonosse et un gusse que je ne connaissais pas.

— Je m'appelle Malik, qu'il dit.

La guerre des gusses

C'était un sergent rappelé, un type maigre avec un visage un peu triste, instituteur dans le civil.

Le colonel me fixa.

— Toi, mon gros, on va te faire prendre la ligne.

Il nous scruta une dernière fois avec intensité, nous rappela qu'il était le père du régiment et nous avertit qu'il allait nous causer entre hommes.

— Repos ! hurla le caporal.

— Je pourrais vous envoyer tous en section spéciale à Tinfouchi mais je vais vous donner une dernière chance, parce que, pour moi, les vrais responsables sont ailleurs, à Paris, à se goberger aux terrasses des cafés de Saint-Germain-des-Prés. Les vrais responsables du terrorisme ce sont ces putains de professeurs, ces exhibitionnistes du cœur et de l'intelligence, des intellectuels qui rêvent de se faire enculer par les crouilles.

Paix en Algérie ! Ils vous ont fait gueuler paix en Algérie ! Ici, vous allez changer d'avis.

La paix en Algérie telle qu'ils la crient, c'est la capitulation devant la barbarie, devant le racisme, devant le fanatisme religieux.

Je ne fais que rendre à la France ce qu'elle m'a donné, lorsque je crie à mon tour HALTE À LA DÉCADENCE. Faisons la guerre, rien que la guerre et nous la gagnerons.

Après cette tirade, il reprit son souffle et sur un ton bonhomme termina son admonestation.

— Je vous affecte tous en ZOK dans des unités

engagées sur le terrain. Vous allez nous montrer si vous avez des couilles au cul.

— Garde à vous ! ponctua le caporal.

Notre poste était situé à la rencontre de trois pistes. Un mirador, trois baraquements en préfabriqué, quelques tentes kaki, le tout ceinturé d'une murette en pierre sèche sur laquelle s'étalaient des sacs de sable couronnés de fil de fer barbelé.

Le convoi s'arrêta juste le temps qu'on saute du GMC. Les gusses qui nous faisaient la gueule dans le camion jetèrent nos sacs sur la piste et le convoi s'ébranla.

— Amusez-vous bien !

Le drapeau tricolore flottait au milieu du poste. Une trentaine de gusses à l'uniforme délavé, aux yeux rouges, aux ongles noirs, nous regardaient comme des cheveux sur la soupe.

Nous étions tous les trois immobiles dans nos treillis neufs et trop larges.

Un adjudant sortit d'un des baraquements.

— Ah ! les voilà quand même ! qu'il dit en s'approchant de nous à grandes enjambées sportives.

Il portait l'insigne de son brevet de para à gauche sur la poitrine et sa tenue de combat était bien coupée, un peu collante sur les hanches qu'il avait étroites. Il nous dévisagea longuement après s'être planté devant nous ; les mains tripotaient la boucle du ceinturon, les jambes étaient bien raides et écartées, comme sur les photos de Bigeard.

Un beau guerrier, c'était, l'adjudant, avec sa nuque bien rasée.

— Approchez les petits gars, qu'il dit, s'adressant aux gusses. Ils firent cercle autour de nous.

Il se présenta :

— Adjudant Buerk.

Puis il s'avança vers nous en roulant des mécaniques.

— Regardez-moi bien ces tantes, fit-il avec un sourire. Ils voulaient pas nous aider à casser du fel, je compte sur vous pour leur en faire baver.

Les GMC et les half-tracks nous larguèrent à flanc de djebel et s'éloignèrent en rugissant sur la piste pierreuse. La 1re Compagnie était chargée du nettoyage. C'est-à-dire que nous étions chargés d'aller « au résultat » comme on dit après un exercice de tir.

Notre boulot était d'explorer le lit du torrent qu'on avait pilonné, mitraillé, bombardé jusqu'à trois heures de l'après-midi. Un indicateur avait signalé une bande rebelle et le chef de bataillon, le commandant Foutrier, avait monté une opération conjointement avec un bataillon de Dragons et de l'Infanterie Coloniale. Ce fut un beau bordel, un déluge de feu, comme on dit. Les chasseurs à réaction piquaient sur l'oued,

balançaient leurs roquettes, remontaient, virevol-
taient et piquaient de nouveau dans le fracas de leurs
mitrailleuses. Quand les chasseurs s'éloignaient, nous
saluant d'un battement de leurs ailes, nous, on prenait
le relais ; on laissait glisser des obus de 60 et de 81 dans
le fût de nos mortiers.

On pouvait suivre à l'œil nu la trajectoire du
projectile ; on le voyait monter et se détacher bien
nettement sur le bleu du ciel. Ensuite, c'était le
roulement des explosions répercutées par l'écho. Pendant mon service, j'étais devenu un spécialiste du
mortier ; c'est comme ça que je me suis racheté aux
yeux de l'adjudant Buerk par pure vantardise. Le
chef de pièce était un gland : il lui fallait cinq obus
pour régler son tir, il se perdait dans les fourchettes ;
moi, j'ai assuré l'adjudant Buerk que s'il me confiait le
collimateur je lui en économiserais au moins deux,
d'obus. Donc, après qu'on ait arrosé les rebelles, vidé
nos chargeurs sur les rochers et les touffes de laurier-
rose, haché menu les eucalyptus et les peupliers qui, le
matin encore, se dressaient au bord de l'oued, j'allai
« au résultat ». J'étais en compagnie de Nonosse, du
sergent Malik qui commandait notre section et des
autres gusses avec lesquels l'adjudant Buerk nous
avait réconciliés.

Ça sentait le cramé, des arbustes achevaient de se
consumer, nos pataugas soulevaient une fine poussière noire, nous nous dirigions vers les rochers,
contournant ce qu'il restait des buissons épineux.

Nous butâmes sur le premier cadavre. C'était celui d'une vache rachitique, un obus de mortier l'avait déchiquetée. Près d'elle, gisait le cadavre d'un enfant brûlé et déchiré par l'impact des balles. Derrière un rocher, c'était une charpie de burnous souillés de sang, d'yeux exorbités et vitreux, de membres tordus, hachés, déjà raidis par la mort.

L'odeur se faisait plus forte, bien puante, nous prenait à la gorge. Le pourri l'emportait sur le brûlé, ça empestait la barbaque faisandée, la boucherie qui se néglige. Je transpirais, mon ventre gargouillait. J'allais rendre les sardines du petit déjeuner, ça faisait pas un pli.

Nous marchions silencieusement, dans un nuage de cendre noire, le garant ou le PM à la main, le doigt sur la détente, prêt à tirer.

Au pied des eucalyptus, il y en avait cinq, bras et jambes écartés, chèches déroulés et tachés de sang, de très jeunes hommes, le corps dénudé et mutilé. La nausée m'a surpris quand je me penchais sur un cartable d'écolier d'où s'échappaient quelques cahiers à gros carreaux. Je suis tombé à genoux, mon garant en travers des cuisses et je me suis mis à dégueuler sur un cadavre. Mes yeux pleuraient, j'avais le goût du vomi plein la bouche ; après un dernier spasme, j'ai enfin pu détacher mon regard du corps supplicié de l'écolier.

Qu'est-ce que c'était qu'cette guerre ?

— T'en verras d'autres, mon p'tit gars, qu'il a dit,

27

l'adjudant Buerk en poussant le cadavre du pied droit.

Le sergent Malik se mit à gueuler :

— J'en ai un, j'en ai trouvé un !

Les gusses se précipitèrent pour voir.

Le corps maigre du vieil homme était appuyé au rocher de granit gris, le fusil de chasse bien calé au creux du bras. Une balle de mitrailleuse au milieu du front l'avait foudroyé ; l'arrière de son crâne s'était ajusté à la roche et le sang séché lui faisait une auréole mauve où se mêlait le blanc de ses cheveux collés sur le roc. Il montait une garde absurde dans un bourdonnement de mouches bleues et vertes.

Les gusses ricanaient, tentant vainement de lui arracher son fusil de chasse.

— Il en veut encore, celui-là.

— Tu vas lâcher ça, salope !

— C'est qu'il est têtu, le pépé.

La horde des gusses commentait la résistance du vieillard au-delà de la mort, tout en flairant, fouillant, déterrant, à la chasse à la charogne.

— Ma parole, il est pas encore crevé çui-là !

Les gusses s'élancèrent vers le nouveau gibier. C'était un paysan kabyle, il avait enroulé son chèche autour de ses jambes, le tissu buvait le sang, on pouvait ainsi compter les impacts, il y en avait cinq. Deux balles dans les cuisses, les trois autres avaient dû lui briser un genou et les tibias.

Il nous regardait en face, calmement, les mains

serrant l'étoffe du chèche. C'était des mains de culti-
vateur, des mains semblables à celles des gusses qui le
guettaient, crispées sur leurs armes.

— Tiens, salope !

Le premier coup de pied partit en direction du
genou blessé. Les gusses le savataient consciencieuse-
ment. Ça pleuvait, ils visaient les couilles et les
blessures. L'homme mourut enfin au milieu d'atroces
souffrances. Entre les cris de douleur, je reconnus
plusieurs fois les mots *El Djezaïr,* il hurlait le nom de
sa patrie, Djezaïr... Alger... Algérie...

Dix ou quinze minutes de torture, un coup de pied
plus précis dans l'abdomen, un coup de crosse pour
faire éclater le foie — les gusses achevèrent de la
même façon tous les blessés rencontrés.

À la tombée de la nuit nous abandonnâmes nos
recherches. L'inventaire était le suivant :

Une vache
un enfant
cinq écoliers
trois hommes d'âge mûr
un vieillard
cinq blessés achevés
un fusil de chasse
douze cartouches calibre 12
un cartable
trois cahiers d'écolier.

Nous progressions vers la crête du djebel afin d'y

installer notre bivouac pour la nuit. Passant près de moi, Malik m'a dit sur le ton de la confidence :

— J'ai essayé d'les empêcher, ils m'ont menacé, ils voulaient m'buter.

À l'aube, le lendemain de ma première bataille, je fus réveillé par le froid et les rires des gusses qui se chauffaient autour de petits feux d'herbes sèches.

— Qu'est-ce que j'lui ai mis, au felh !

Les gusses peaufinaient leur légende en croquant les biscuits des boîtes de ration.

— Tu verras… la première fois on dégueule, après — tu regardes ses pieds des fois que ses godasses seraient meilleures que les tiennes.

Nonosse vint s'asseoir à côté de moi. Il me passa sa boîte de sardines, silencieux et mastiquateur. Après avoir léché ses doigts, il lâcha :

— Des abjects…

Dis… tu les a vus ? Y sont jolis les soldats d'la République, je les hais !

Je hais mon pays !

Un peuple de flics et de porcs…

Tu sais ce qu'ils m'ont dit mes camarades à Paris, avant de partir ? « Il faut y aller, tu seras plus utile là-bas. »

Des immondes, tous des immondes. Désormais, nous sommes des flics…

J'allumai un clop avec mon Zippo et tirai de longues bouffées. Le bout incandescent de la cigarette me chauffait la paume de la main.

Nonosse terminait son monologue :

— ... un peuple de porcs et de flics... Si j'fous pas l'camp, j'finis dingo...

Il devait être sur les cinq heures après midi quand nous arrivâmes au poste. C'était l'agitation, les gusses gueulaient, couraient dans tous les sens, la radio débitait ses « tango, tango... j'appelle Charlie... »

J'ai fini par comprendre que la corvée d'eau était tombée dans une embuscade pendant qu'on achevait les blessés là-haut nous autres.

Le capitaine de Cloque, ancien des maquis du Vercors, exhortait ses troupes en gesticulant, le PM sur le ventre.

— Perdus en montagne, dans le froid, la chaleur ou la pluie, vous faites inconsciemment de grandes choses. Cette opération ajoutée aux autres vous rendra forts, sains, aussi résistants que le cuir, aussi durs que l'acier. Allez les p'tits gars, en piste ! On retourne au charbon.

L'embuscade avait surpris les gusses dans le virage ; ils remontaient de l'oued situé en contrebas, le six-six Dodge qui traînait la citerne devait obligatoirement ralentir avant de quitter la piste pour s'engager sur la route. Ils s'étaient fait cueillir pendant la manœuvre. Cinq morts et trois blessés. Les rebelles les avaient tirés à vingt mètres, bien installés sous les oliviers qui poussaient en surplomb du lacet de la route. Les corps dénudés étaient alignés par terre près du Dodge incendié.

Ils avaient pas été économes en munitions les felhs ! Les visages et les corps étaient crevés d'impacts, deux des cadavres étaient mutilés, un boucher vengeur avait eu le temps de leur couper les couilles et d'enfoncer les sexes sectionnés dans la bouche. Je ne me ferais pas au massacre, rien à faire, je ne m'y ferais pas. De nouveau, je me mis à transpirer, j'abandonnai mon corps à l'envie de gerber et à la trouille. Je comprenais le sens de la déclaration de mes compagnons : « On va leur couper les couilles, à ces pédés. » Les gusses giclaient des GMC et défilaient en silence devant les corps. Ici, mourir, c'était se faire couper les couilles et donner la mort, c'était couper les couilles.

— Restez avec les blessés, nous, on va leur faire leur fête à ces fils de pute, qu'il m'a dit l'adjudant.

J'ai pas pu m'empêcher de lui être vaguement reconnaissant. La radio grésillait, il y avait déjà plus d'une heure qu'on avait demandé l'hélicoptère pour l'évacuation des blessés.

Ces trois-là avaient eu le temps de sauter du Dodge avec leurs armes et étaient restés planqués et terrorisés jusqu'à l'arrivée des gusses. Ils avaient tout vu. Le carnage et les mutilations.

Nonosse avait raison, on allait tous finir dingos. Je regardai leur visage. L'un d'entre eux sanglotait en marmonnant :

— Oh ! mon Dieu... oh ! mon Dieu...

Les deux autres, hagards et stupéfaits, bafouillaient :

— C'est pas vrai... c'est pas vrai...

Ils avaient dans la voix l'intonation qu'on y met quand la peur nous fait appeler Dieu au secours. La guerre est un bon fumier pour la religion.

« Je les hais », qu'il avait dit, Nonosse... Je les fixai longuement, je m'approchai à les toucher... Et puis j'ai caressé doucement le front de celui qui pleurait en continuant sa prière, « oh ! mon Dieu... oh ! mon Dieu... » et je lui ai dit comme ça :

— Pleure pas petit frère, c'est fini... Pour toi, c'est fini...

Il a mis sa tête sur mon épaule et il a étanché ses larmes. Il venait de faire un putain de voyage.

Une fumée noire rampait à flanc de djebel, les gusses foutaient le feu aux villages. Une section poussait une colonne de villageois vers la route. Ils avaient chargé les tuiles de leurs mechtas sur la tête. Les hommes et les femmes des villages étaient regroupés par sexe avec leur chargement et conduits à pied jusqu'au poste. L'hélicoptère n'était toujours pas arrivé. Je fus désigné pour accompagner les prisonniers. Les hommes étaient des vieillards ou de très jeunes gens ; certains, parmi les plus vieux, arboraient une croix de guerre et transportaient leurs tuiles avec dignité. Les femmes avançaient portant leur fardeau comme les cruches qu'elles avaient l'habitude de trimballer en retournant de la fontaine, les reins bien cambrés sous la robe bariolée...

Les gusses grondaient, distribuant quelques coups de crosse, ils s'échauffaient autour des femmes en les touchant.

— J'vais t'niquer, moi.

Les gusses s'excitaient mutuellement et menaçaient.

— On va les venger nos potes, bande de chacals.

— On va les venger, tas d'ordures... On va tous vous crever, enculés !

A l'arrivée des femmes, les gusses qui étaient restés au poste se déchaînèrent, certains sortaient leur sexe et l'agitait en hurlant « à la casserole ! » Les mains se tendaient avec avidité vers les femmes immobiles, les tuiles sur la tête, les yeux baissés. L'adjudant Buerk dut donner de la voix et distribuer quelques coups de nerf de bœuf pour éloigner les gusses. C'était un moraliste à sa manière, l'adjudant, la torture oui, le viol non.

— Le premier qui touche une de ces guenons prendra une balle dans le cul, qu'on se le dise !

On avait préparé deux enclos face au poste, de l'autre côté de la piste, dans l'axe de la mitrailleuse 12,7 du mirador. Après avoir empilé les tuiles, les femmes et les hommes s'accroupirent chacun dans leur périmètre ceint de barbelés. Derrière la murette de pierres sèches, les gusses enragés jetaient des détritus sur les villageois qui regardaient en silence les flammes s'élever au-dessus de leur village, les poutres de leur mechta éclater comme des feux de Bengale. L'incendie s'étendait sur tout le flanc du djebel, fascinant.

L'arrivée des incendiaires fut saluée par des hourrah et des applaudissements. Quand le deuxième GMC stoppa dans la cour du poste, les gusses l'entourèrent en hurlant. Il était rempli de prisonniers. Ils étaient ligotés, certains avec du fil de fer barbelé ; les gusses les avaient entassés entre les ridelles du GMC, empilés les uns sur les autres comme des troncs d'arbres. L'adjudant Buerk bondit sur le chargement humain et jeta par-dessus bord le premier captif qui retomba lourdement sur le sol. Il encouragea de la voix les gusses qui se précipitèrent, qui sur le camion pour le décharger de ses bûches humaines, qui sur les premiers corps touchant le sol. Ils se mirent à frapper. Le sang giclait, les lèvres, les joues s'ouvraient sous les coups. Le capitaine de Cloque dut intervenir à coup de canne pour dégager l'espace autour du GMC. Malik distribuait des coups de poing en hurlant :

— Vous êtes fous ! Vous ne savez pas ce que vous faites !

Le calme revint dans la cour du poste. Le souffle court, l'œil fou, les mains enflées par les coups distribués, le treillis souillé de sang, les gusses jetaient un dernier regard aux corps qui continuaient de tomber du camion. Les derniers ne se relevaient pas, à demi asphyxiés par le poids des autres et les cahots de la route.

Les mains sur les hanches, le capitaine de Cloque fixait ses sbires. Il n'avait peut-être pas réussi à en faire des guerriers mais ils étaient devenus d'admirables tortionnaires. Il songea qu'ils gâchaient un peu le métier et que, s'il les laissait faire, il n'aurait plus personne à interroger.

— Buerk, arrêtez ce merdier ! Si vous les abîmez tous maintenant, on n'en tirera rien tout à l'heure. Donnez-leur à boire, en attendant.

Il devait être une heure après minuit. Un cauchemar m'éveilla qui se poursuivit hors de mon sommeil. J'avais la trouille. Un long oh ! douloureux emplissait mon crâne. C'était un râle profond. Je me levai et j'allai jusqu'à la porte de la baraque. La lueur d'une lampe à acétylène éclairait un groupe de gusses accroupis contre la murette. Je reconnus l'adjudant Buerk.

— Où est ton fusil ?
— Ma parole...

L'adjudant Buerk visait le bas ventre, les autres gusses le foie, l'estomac et le visage. Le sang coulait.

— Tu vas parler, salope ?

Le prisonnier hurlait dans la nuit. Le silence dans le poste se faisait plus dense entre les cris. Le corps retombait contre la murette poisseuse de sang.

Les corps étaient brisés, les lèvres tuméfiées, les

ongles arrachés. La nuit était pleine de gémissements. Dans l'enceinte, en face du mirador, les villageois retenaient leur souffle. La voix de Buerk claqua dans la nuit.

— Le téléphone !

— Approche le téléphone, bordel, on va les faire parler, ces salopards.

Ils l'ont arrosé d'eau. Les poignets étaient enchaînés, ils les ont entourés de chiffons mouillés auxquels ils fixèrent les électrodes. Les deux fils étaient reliés à la dynamo d'un téléphone de campagne, derrière, un gusse assis à califourchon tournait la manivelle en changeant fréquemment de rythme. L'expérience lui avait appris qu'en variant le mouvement, il changeait l'intensité du courant et qu'ainsi les chocs électriques sont plus douloureux et plus difficiles à supporter.

L'homme hurle et se tord, il tremble, se convulse avec des soubresauts de pantin cocasse.

— Tu vas parler, salope ! Tu vas parler...

Les gusses s'activaient autour de la victime avec des gestes d'artisans affairés, déplaçant les électrodes pour les fixer avec précision

aux tempes

sous la langue

sur le gland

dans le méat

sur les couilles.

Acteur et voyeur, l'adjudant Buerk exultait.

Aucune femme au monde n'aurait pu l'émouvoir comme ce corps désarticulé qui, obstinément, persistait à se taire.

L'adjudant Buerk bandait !

Le youyou des femmes couvrit les cris des suppliciés. C'était un ululement modulé, plein de la souffrance des hommes, un chant profond chargé de signes et de messages qu'aucun d'entre nous ne savait encore déchiffrer.

— Tirez dans le tas, faites-moi taire ces guenons !

L'adjudant Buerk n'aimait pas le youyou des femmes qui montait maintenant dans l'enceinte du camp et s'amplifiait comme un cri de guerre.

La sentinelle sur le mirador fit crépiter sa mitrailleuse. Il tirait au-dessus des têtes, les balles traçantes s'écrasaient sur la colline, derrière les femmes qui se turent et restèrent debout, immobiles, figées d'effroi, muettes désormais.

J'attendais l'aube, assis sur mon lit, prostré. Nonosse s'est glissé près de moi. Je voyais son grand corps d'échalas harnaché, il s'était déguisé en guerrier pour la première fois depuis notre arrivée. Une MAT 49 lui battait le flanc droit.

— Passe-moi les boîtes de ration, on s'tire !

Il parlait à voix basse.

— Tu viens, on s'tire, c'est le moment, les bourreaux sont fatigués.

J'étais incapable de bouger, incapable de parler, engourdi, la langue lourde dans ma bouche.

— Alors, tu viens ?...

Il a déplié sa longue carcasse, il m'a souri, et il est parti avec un petit signe de la main en emportant les boîtes de ration. Beaucoup plus tard, je lui ai dit :

— Bonne chance !

Mais il ne pouvait plus m'entendre.

Je suis resté recroquevillé sur le lit. J'étais un lâche. Je me complaisais dans ma défaite. J'avais laissé partir Nonosse tout seul. Mon corps avait refusé de se mettre en route, d'agir.

J'attendis ainsi jusqu'à l'aube.

Soldat lève-toi... soldat lève-toi !

L'appel du clairon qui ordonne au soldat endormi de se lever me tira de ma stupeur. J'ai marché jusqu'à la roulante pour boire du café. De drôles de fruits pendaient aux arbres. Le corps des suppliciés se balançait, la tête en bas, sous le regard des villageois.

Il flottait une bonne odeur de café. Un gusse est passé près de moi.

— Tu viens, je vais dérouiller mon PM.

Il acheva d'une courte rafale les pendus dont le corps oscilla encore longtemps, les pieds, les mains, les visages crevés de plaies, pustuleuses, cratéreuses, suintant leur dernière goutte de sang. Un transistor s'est mis à aboyer, c'était l'heure des messages.

Pour Jeannette, son Gros Matou qui l'embrasse tendrement, Secteur Postal 30409. Voici *L'hymne à l'amour*...

Et la voix de Piaf envahit le campement.

> *Le ciel bleu sur nous peut s'effondrer*
> *Et la terre peut bien s'écrouler*
> *Que m'importe, si tu m'aimes*
> *Je me fous du monde entier.*

« Si je fous pas le camp, je vais devenir dingo », qu'il avait dit Nonosse.

Il était parti, Nonosse, et je me sentais devenir dingo. C'était pire que la guerre, c'était pas la guerre.

Quand le soleil a éclairé les flancs du Djurdjura, on a chassé les hommes et les femmes des enclos. Ils ont hésité un moment à se mettre en mouvement. Un peu hagards, ils ont regardé les nouveaux fruits que portaient les oliviers. Enfin, les plus vieux ouvrant la marche, ils ont pris la direction des villages qui achevaient de se consumer. Une fumée maigre et claire s'élevait encore au-dessus de leurs mechtas.

Malik a murmuré à côté de moi :

— Ils en mettent un temps, à cramer, ces villages...

2.

Nous ne nous engageons jamais que dans des combats discutables, sur des causes imparfaites. Refuser pour autant l'engagement c'est refuser la condition humaine.

E. Mounier

Mehdi suspendit la salopette bleue au gros clou planté à côté de la porte des WC. Il se brossa méticuleusement les mains avec la brosse à poils durs, s'aspergea le visage, le torse et les aisselles avec l'eau du lavabo, mouilla ses cheveux noirs et les peigna avec précision.

— Alors, mon garçon, c'est décidé — tu nous quittes ?

— Oui, Monsieur Alvarez.

— Avant de partir, passe me voir au bureau.

— Oui, Monsieur Alvarez.

Après quatre années de travail dans le garage, Mehdi savait qu'il n'avait du mécano que la salopette bleue maculée de cambouis, M. Alvarez, le patron, petit homme rond et aimable, l'ayant soigneusement tenu à l'écart de la mécanique. En dehors des pneumatiques dont il s'occupait, sa tâche principale consistait à nettoyer et changer les bougies. D'ailleurs ses amis le moquaient affectueusement en l'appelant « Mehdi Bougie ».

Mehdi ajusta sa chemise blanche et fixa un instant son visage dans le miroir accroché au-dessus du lavabo. La cicatrice, ligne de chair ourlée qui barrait le front, était bien cachée par ses cheveux noirs.

L'horloge du garage marquait six heures du soir, c'était l'heure, il avait tout juste le temps de quitter le quartier de Belcourt. Dans une demi-heure, il devait retrouver Omar Z'yeux Bleus, le Kabyle, à l'arrêt du trolley, devant la grande poste.

Mehdi ouvrit la boîte à outils, déplia le chiffon. Le revolver était là, quelques taches de rouille sur le canon qu'il n'avait pas réussi à enlever malgré tous ses efforts. Il saisit l'arme. C'était un revolver d'ordonnance à barillet, calibre 8 mm, affecté autrefois aux officiers de l'armée française.

Il dégagea le cylindre avec le pouce — les six cartouches y étaient, logées dans l'acier compact, six cercles de cuivre brillant avec le petit point rouge de l'amorce. Il essuya le revolver, le glissa contre son ventre, sous la chemise dont il ferma soigneusement les boutons.

L'énorme thermomètre Michelin indiquait la température : 30° à l'ombre.

Dans le bureau de M. Alvarez, un ventilateur électrique donnait une fausse impression de fraîcheur.

M. Alvarez tendit une main chaude et velue, serra longuement celle de Mehdi.

— Bonne chance, mon garçon. On te regrettera,

si tu changes d'avis, n'hésite pas. Allez, bonne chance !

Mehdi serra dans la poche arrière de son pantalon le reliquat de sa paye hebdomadaire et le certificat élogieux du garagiste qui vantait sa ponctualité et ses loyaux services. C'était une fin d'après-midi de juin, un vent léger, chargé de toute la chaleur du Sud, desséchait la ville. Il se mêla à la foule des employés et des ouvriers qui, d'un pas lent, gagnait les terrasses ombreuses du square Bresson et la fraîcheur des cafés de la rue d'Isly. L'horloge de la poste indiquait six heures vingt-cinq, il gravit à la hâte l'escalier de la rampe Bugeaud et déboucha en sueur devant la poste.

Six heures trente. Omar Z'yeux Bleus était là, planté devant l'arrêt du trolley.

Mehdi avait croisé les mains sur son ventre — il ne tenait pas à heurter un passager avec la crosse de son arme. L'air chaud s'engouffrait par les fenêtres ouvertes. Mehdi songeait à ce jour de novembre où le Front avait fait sauter ses pétards. Sa joie en lisant le titre du journal :

Flambée de terrorisme dans l'Algérois

Des mois durant, il avait guetté le comportement des gens, autour de lui, il avait rencontré d'anciens amis du mouvement nationaliste. Mais rien — pas la moindre piste, la vague d'arrestations avait anéanti tous ses espoirs de contact avec le Front.

Alors il avait décidé de passer à l'action. Avec

Sadek et Omar Z'yeux Bleus, il avait formé une première cellule de trois membres. Chacun d'entre eux devait à son tour recruter trois hommes qui ne se connaîtraient pas les uns des autres.

Sadek, qui avait vécu des filles et connaissait le Milieu de la Casbah, avait acheté un revolver et des cartouches. Mehdi avait dressé une liste — la liste des salauds, des Algériens qui travaillaient pour la police française. En tête, le patron d'un grand café de Belcourt, un indicateur de police qu'on surnommait Tigzirt, du nom du village de Kabylie dont il était originaire

Mehdi et Omar sautèrent en souplesse du trolley qui s'éloigna en crépitant. Le café était en haut de la rue, éclairée par le soleil, la peinture bleue de sa façade était toute craquelée. Une odeur d'anisette et de brochettes grillées envahissait la rue.

— J'ai faim.

Omar écarquilla ses yeux bleus pour regarder Mehdi. Il pensa qu'il était étrange d'avoir faim alors qu'on se prépare à tuer un homme. Lui, son cœur battait plus fort et il avait envie de pisser.

Il était sept heures du soir quand ils entrèrent dans le café. Le brouhaha les enveloppa — claquement sec des dominos sur les tables de marbre entre les colonnes, juron des joueurs de belote tapant le carton, tintement de la glace dans les carafes.

Mehdi embrassa du regard la salle qui lui semblait très vaste, réfléchissant au chemin de repli qu'il avait prévu. Le bar était au fond, décoré de mosaïque bleue. Avec son étalage d'assiettes d'olives, de fromages et de légumes au vinaigre, le zinc fleurait bon l'anisette et la menthe.

Le café était fréquenté par des Algériens et des Européens, la guerre n'avait pas encore touché ce quartier.

— Il est temps de les réveiller, marmonna Mehdi.

Personne ne leur prêtait attention.

Mehdi déboutonna trois boutons de sa chemise au-dessus de sa ceinture, il sentait la sueur couler le long de ses cuisses et de son dos. Le patron était debout derrière le zinc, parlant à voix haute, riant d'un grand rire qui découvrait ses dents en or. Mehdi fixa le front de Tigzirt et sortit son arme qu'il saisit à deux mains ; il appuya trois fois sur la détente en visant la tête. Le cafetier disparut derrière le comptoir dans le fracas des trois détonations.

Tout le monde hurlait, dans une grande bousculade de tables et de chaises les clients s'enfuyaient, Omar avait glissé sur le sol et gémit :

— Je suis blessé.

Mehdi le frappa du bout du pied dans les côtes.

— Lève-toi, tu n'as rien.

Les deux hommes sortirent en courant du café et disparurent dans la première traverse à droite en descendant la rue comme Mehdi l'avait prévu.

— Tu l'as touché au cœur ? s'enquit Omar Z'yeux Bleus.

Mehdi ne dit rien. Il avait vu le trou noir sur le front de Tigzirt qu'il avait visé à deux mètres.

Le canon du revolver était chaud sur son ventre. Il regarda Omar et lui sourit.

— Le prochain est pour toi, il faut que dans moins d'une semaine ces salauds aient choisi leur camp.

Ils se séparèrent.

Mehdi avait déjà tout oublié de son enfance. Il était entré brutalement dans l'adolescence ce jour de 1945 où l'aviation française avait mitraillé et bombardé la ville. Il avait abandonné Setif avec les autres, fuyant le massacre, jusqu'à ce village près de Tipaza d'où il voyait la mer. C'était un beau village adossé à une forêt de chênes verts. L'homme qui l'avait recueilli lui avait expliqué qu'il devrait dorénavant l'appeler « Oncle » et qu'il ne reverrait jamais plus ses parents.

L'oncle lui apprit à lire et à écrire le français ; il lui parla des Arabes, d'un pays ou d'une ville qu'on appelait El Djezaïr. Il lui raconta que ses ancêtres montaient à cheval, qu'ils avaient bâti des palais magnifiques, créé la guitare et inventé les mathématiques. Quoi qu'on lui dise à l'avenir, qu'il sache bien que jamais ces ancêtres n'avaient été des Gaulois stupides.

— Imagine un peu, Mehdi, des hommes qui avaient peur que le ciel leur tombe sur la tête !

Cela faisait bien rire Mehdi. Pour remercier l'Oncle, il tressait des guirlandes de fleurs jaunes avec ses compagnons. Les fins de semaine, en bande, ils allaient se poster en haut de la côte, à l'orée du bois, sur le bas-côté de la route goudronnée qui conduit aux ruines de Tipaza et là, bien en vue, ils agitaient leurs colliers de fleurs comme des drapeaux.

La dame blonde se penchait à la portière de la Traction et battait des mains en criant : « Qu'ils sont beaux... qu'ils sont beaux ! »

Et elle achetait deux ou trois colliers jaunes.

— Ça porte bonheur, disait-elle pour s'excuser, tournée vers l'homme qui conduisait l'auto.

Mehdi ne voulait pas être paysan ; il abandonna Tipaza et laissa ses compagnons à leurs guirlandes. La vue des camions et des voitures qu'il croisait sur la route, les marques qui se bousculaient dans sa bouche : Citroën, Peugeot, Renault, Simca, Ford, qu'il se récitait quand il était seul — tout cela l'avait décidé, il serait mécanicien.

L'Oncle lui trouva une occasion — un ami qui allait livrer du charbon de bois en ville le déposa dans le quartier de Belcourt à Alger.

D'abord, Mehdi ne voulut pas en croire ses yeux : la ville s'étendait jusqu'à l'horizon, à gauche, à droite, en haut ; seule, la mer marquait une limite visible à son développement.

En bas, dans le port, les bateaux étaient bien visibles, avec leurs panaches de fumée noire et leurs jets de vapeur. Ils faisaient un tel boucan qu'on ne s'entendait plus. Mais surtout les autos se croisaient et se doublaient dans un grand tintamarre d'avertisseurs. Mehdi avait envie de rigoler. Les mains dans les poches, un peu ivre, il regardait les longues files de voitures immobiles qui stationnaient devant les immeubles, à l'angle des rues, sur les places, et jusque sur les trottoirs. La ville était pleine de voitures.

Mehdi avait avancé avec la foule, longeant une rue, puis une autre qui croisait un tunnel. Les maisons se faisaient plus belles, autour de lui, les gens étaient presque tous des étrangers, il y avait des femmes en cheveux qui passaient en riant, on voyait leurs jambes brunies par le soleil sous leurs robes légères et bariolées.

Il y avait aussi des hommes qui se hâtaient, des têtes brunes au regard sombre, aux cheveux luisants, et des visages rougeauds, des tignasses blondes, des chemises de toutes les couleurs, aux manches retroussées sur des bras bronzés ; les costumes, crème ou noir, étaient bien repassés comme ceux des voyageurs étrangers qui s'arrêtaient pour lui acheter des fleurs sur la route de Tipaza. Il arriva sur une grande place avec des arbres pleins d'oiseaux. Il s'arrêta. On apercevait, en contre-bas, des arrêts de trolleybus devant un grand édifice blanc sur lequel s'étalait le cadran d'une grosse horloge. Des files d'hommes et de femmes attendaient en bavardant avant de s'engouffrer dans les bus bleus et blancs qui démarraient dans un crépitement d'étincelles.

Il retrouvait son peuple — les femmes en haïk blanc, les chèches enroulés sur la tête des hommes, les costumes fripés, les couffins bourrés à craquer, à croire que les siens passaient leur temps à déménager d'un coin de la ville à un autre. Des bandes de gamins, pieds nus, portant de petites caisses de bois, tourbillonnaient autour des étrangers qu'ils harcelaient en leur montrant d'un doigt accusateur la poussière sur leurs chaussures.

Mehdi avait hésité. Des escaliers descendaient vers le port, une rue s'enfonçait entre les immeubles, une autre, plus petite, disparaissait, perdue entre les toits des maisons du bord de mer. A présent, il reniflait des odeurs et la ville lui semblait plus vivante et plus réelle à la fois.

Les gens qui descendaient des traverses se mêlaient à ceux qui venaient du beau quartier. A partir de là, les haïks et les robes imprimées, les costumes trop grands et fripés et ceux, impeccables, des étrangers, se mélangeaient. On voyait des chèches et des feutres gris. La foule se faisait plus dense, plus bruyante, s'étirant devant les commerces, piétinant à chaque vitrine. Il avait pris la rue la plus large et clopiné avec les autres jusqu'à une petite place envahie par les fleurs d'un marchand. Il y en avait de toutes les couleurs, dont il ignorait le nom, et que le fleuriste arrosait doucement en secouant ses doigts qu'il trempait d'abord dans un seau de zinc qui brillait au soleil. En face, de l'autre côté de la rue, une grille s'ouvrait sur une caserne. Un soldat, armé d'un fusil énorme, montait la garde.

Tournant le dos à la caserne, Mehdi découvrait les grues du port, les escaliers, et le va-et-vient de la foule qui montait et descendait. Les odeurs devenaient plus précises, elles émanaient de la rue étroite ; il reconnut celles de l'anisette, des sardines et des brochettes grillées. Au fond de sa poche, il saisit une galette de blé dur et quelques figues sèches qu'il avait soigneusement enveloppées dans du papier journal.

Il était sept heures trente. Mehdi ne trouva pas la galette et les figues sèches. Au fond de sa poche, il y avait six cartouches de réserve pour son revolver.

L'exécution de Tigzirt l'avait transporté dans son enfance. De nouveau, il voyait la ville pour la première fois, s'arrêtait aux portes de la ville turque, émerveillé par l'ancienne mosquée que les étrangers avaient transformée en cathédrale.

Mehdi montait légèrement les escaliers de la Casbah. Des cafés maures, aux façades délavées, bleues et roses, sortaient des airs de musique andalouse. Il se faufila entre les ânes bâtés, chargés de couffins, et frappa à la porte de Nora.

C'était là qu'il avait décidé de passer la nuit. La vieille le connaissait depuis son arrivée à Alger, lorsqu'il filait comme une flèche par les rues de la ville européenne en criant les journaux.

La vieille vint ouvrir, toute trembleuse ; elle le

reconnut et son visage tatoué, mangé de rides, s'éclaira d'un sourire. Pour elle, il était resté cet enfant.

— Entre mon fils, tu es chez toi.

Mehdi s'étendit sur la paillasse qui sentait l'urine. Il avait décidé qu'à partir de ce jour, personne ne saurait où il dormait. Ses compagnons, il les rencontrerait dans les rues ou les cafés. C'était sa première journée de hors-la-loi. Il posa son arme à portée de la main, sur le sol de terre battue et pensa à haute voix.

— C'est ma première journée d'homme libre.

Ce sentiment de liberté, lié à la mort qu'il avait donnée, l'inquiétait et pourtant, confusément, il avait l'impression que cette sensation rare, qu'il éprouvait pour la première fois, était indissociable de la mort de Tigzirt.

Il voulait libérer son peuple, il voulait faire la révolution. Sans argent, sans armes, sans contact et sans peuple, il sentait tout ce que son acte avait de dérisoire et pourtant, pour la première fois de sa vie, il était bien dans sa peau ; les trois coups de revolver étaient le tract sanglant qu'il avait rédigé contre tous les bavardages des intellectuels et des notables algériens. Il comprit qu'il se sentait libre parce qu'il avait agi.

Les arbres de la place étaient pleins d'oiseaux, Mehdi se dirigea vers le kiosque à musique. Il avait enfin rendez-vous avec un agent de liaison du Front. Il devait le reconnaître à sa cachabia marron et à son chèche lâche. Il repéra l'homme du premier coup d'œil. C'était un paysan kabyle qui se mouvait maladroitement au milieu de tous ces citadins oisifs. L'homme le fixa puis s'éloigna. La consigne était de le suivre jusqu'à une camionnette bâchée, une Peugeot, on lui avait précisé la marque. Il devait voyager sans arme. Il s'était séparé de son revolver avec regret mais cela faisait si longtemps qu'il attendait ce rendez-vous...

La cachabia marron ouvrait la route. Le paysan le menait à travers un dédale de passages et de ruelles humides et glissantes. Il gravit des escaliers malodorants, jonchés d'ordures et déboucha enfin sur une petite place par un passage voûté. Des relents de légumes et de fruits pourris imprégnaient les murs, des édifices compliqués de cageots croulants encombraient le périmètre carré de la petite place. Garée devant une autre voûte qui s'ouvrait en face de lui, il aperçut la camionnette. L'homme à la cachabia écarta la bâche verte, jeta quelques cageots vides sur la plate-forme et grimpa lestement s'installer à l'arrière du véhicule. Mehdi avait reçu l'instruction d'ouvrir la portière droite de la cabine et de prendre place à côté du chauffeur.

La voiture démarra et, après avoir traversé les faubourgs d'Alger, prit la direction de Tizi.

Boudiné dans sa blouse grise, le chauffeur avait une

56

allure d'épicier. Les yeux fixés sur la route, il lui communiqua les dernières consignes.

— Tu n'as pas d'arme ?

Mehdi hocha négativement la tête. Il sentait comme un vide sur son ventre. En trois semaines, il s'était habitué à la présence du métal contre sa chair. L'épicier reprit :

— Tu es mon cousin et tu viens passer quelques jours de vacance chez moi, à Azazga. Ne t'en fais pas, les Français ne m'arrêtent jamais.

Mehdi sourit et, tirant du paquet bleu de Bastos une cigarette, l'alluma avec son briquet tempête à essence.

— Très bien, les Français aiment nous voir fumer, ça les rassure, ça signifie qu'on ne suit pas les consignes du Front...

Sur cette remarque, l'épicier se tut.

La nuit tombait quand la Peugeot quitta la route principale pour s'engager sur une piste de terre. Au cours des deux dernières heures du voyage, trois convois de camions militaires les avaient doublés, bourrés de soldats armés et casqués et encadrés par des automitrailleuses.

Ils passèrent en roulant lentement devant quelques mechtas isolées, éclairées chichement par des lampes à huile. La camionnette s'immobilisa près d'un buisson d'épineux très dense. L'épicier coupa le moteur et fit quelques appels de phare. L'homme à la cachabia était déjà près de la cabine, la main droite fermement refermée sur un mousqueton. Il ouvrit.

— Suis-moi, frère, les djounouds vont arriver. Nous allons les attendre.

Mehdi fut troublé. C'était la première fois qu'il entendait la voix de l'homme à la cachabia marron et le premier mot qu'il avait prononcé c'était « frère »...

Ils s'assirent en tailleur contre les buissons. La nuit était claire et douce, bruissante d'insectes et de bêtes nocturnes. Et c'est ce qu'on appelle le silence, songea Mehdi, tirant machinalement une cigarette de son paquet.

— Ne fume pas, mon frère, une flamme, dans la nuit, se voit de très loin.

L'homme à la cachabia se tut et s'installa dans une immobilité dense comme celle d'une pierre. Mehdi entendait le grondement des camions sur la route nationale et voyait au loin le feu tournant de leurs phares balayant la cime des arbres. La piste s'enfonçait dans la nuit vers la masse sombre des montagnes du Djurdjura qu'on devinait dans le lointain. Des lucioles clignotaient — il n'en avait plus vu depuis son enfance. Les odeurs l'envahissaient et il les détaillait une après l'autre, l'arôme du thym et celui du laurier, le bouquet du basilic et là, la senteur un peu forte, âpre, du romarin et de la menthe sauvage. Les miasmes de la ville turque s'effaçaient de sa mémoire. Il eut faim.

Comme s'il avait lu dans ses pensées, l'homme à la cachabia marron lui tendit une galette de blé et des figues.

— Mange, mon frère, nous devons attendre encore.

Il parlait à voix basse, bourdon léger d'homme parmi les bruissements d'insectes dont était tissé le silence de la nuit. Il retourna à son immobilité minérale. Mehdi s'engourdissait ; il avait perdu cette habitude paysanne, la capacité de demeurer de longues heures immobile, accroupi ou en tailleur.

Puis les grillons se turent. Mehdi distingua un frottement léger d'étoffe qui allait s'amplifiant, puis un bruit de pas agiles. L'homme à la cachabia marron répondit aux appels rapides d'une lampe électrique en direction de la piste. Il y eut quelques bruits métalliques, Mehdi aperçut des ombres. Son compagnon se porta en avant et fut aussitôt éclairé par le pinceau lumineux d'une lampe torche.

Il marcha à la rencontre du nouveau venu. Les deux hommes s'embrassèrent.

— Il est là ?

Mehdi s'avança à son tour.

Les ombres se dirigèrent vers la camionnette et déchargèrent quelques caisses qu'elles s'aidèrent à charger et arrimer sur le dos les unes des autres.

Avec un claquement de portière étouffé, la Peugeot reprit lentement le chemin de la route nationale.

Il y avait environ quatre heures que Mehdi marchait
dans la montagne en compagnie de l'homme à la
cachabia marron et d'une dizaine de djounouds en
uniforme kaki, chaussés de pataugas. Tous étaient
armés du mousqueton qu'utilisait la gendarmerie
française. Mehdi n'avançait qu'avec peine, ses chaussures de ville n'étaient pas adaptées au terrain rocail-
leux. Il glissait fréquemment et ses pieds lui faisaient
mal.

L'armée de libération nationale existe... Cette pensée l'emplissait de joie. Dans un moment, il allait
rencontrer Si Ahmed. Enfin, il allait parler avec les
hommes du front. Le claquement d'une culasse troua
la nuit et une voix ordonna :

— Halte !

Les djounouds s'égaillèrent dans les broussailles, de
part et d'autre du sentier, l'arme prête. Mehdi s'ac-
croupit à côté de l'homme à la cachabia marron. Sans
arme, dans cette montagne qu'il ne connaissait pas, il
se sentait terriblement vulnérable. L'avant-garde
s'étant fait reconnaître, les hommes sortirent des
fourrés et d'autres djounouds se montrèrent.

Ils devaient être une trentaine, silhouettes fragiles
et mouvantes, s'affairant autour de l'escorte qui venait
d'arriver, déchargeant les caisses, chacun s'attelant à
une tâche précise.

— Si Ahmed t'attend.

L'homme à la cachabia marron le mena jusqu'à une

mechta en ruine gardée par un djounoud enveloppé d'une couverture kaki, accroupi, le fusil « garant » posé à plat sur les genoux.

— Entre, lui dit l'homme en s'effaçant.

Un feu vif brûlait à même le sol, invisible de l'extérieur. Du fond de la mechta, quatre hommes s'avancèrent. Le plus grand se porta en avant. Il était maigre, osseux, une djellabah noire l'enveloppait, les lacets de ses pataugas étaient défaits. D'une main, il tenait une MAT 49, le chargeur rabattu sous le canon. Mehdi regarda l'arme avec envie.

— Assieds-toi, nous avons à causer.

Celui-là aussi parlait à voix basse. L'homme à la cachabia marron s'était accroupi près du feu, après avoir déposé son mousqueton contre le mur, à portée de la main.

Si Ahmed avait un visage oblong, barré d'une moustache fournie, les pommettes saillantes, le nez long et busqué. Ses cheveux noirs étaient épais, sous son front creusé de rides profondes, deux yeux sombres et fiévreux semblaient lui manger la figure.

Ils se fixèrent longtemps en silence. Les autres s'étaient installés sur les paillasses, le dos au mur. Ils n'avaient pas abandonné leurs armes.

Le bois sec brûlait en crépitant, postillonnant des gerbes d'étincelles.

— Tu nous as causé quelques problèmes, Mehdi. Tes initiatives de ces dernières semaines n'ont pas toujours été bien comprises. Certains frères ont pensé que nous avions affaire à un provocateur.

Si Ahmed tendit son paquet de Bastos à Mehdi et, se penchant vers le feu, enflamma une brindille pour allumer sa cigarette.

Mehdi était mal à l'aise. Il était venu plein d'enthousiasme vers les hommes du Front mais là, seul et sans arme face aux cinq hommes qui le dévisageaient, il ne savait plus... Sa situation rappelait celle d'un accusé. Cette idée le révolta. Pour se calmer, il se répéta : « L'homme à la cachabia marron m'a appelé frère. »

Il y eut encore un long silence, ponctué par l'éclatement des bûches qui flambaient contre le mur, faisant danser les ombres des hommes immobiles. Maîtrisant sa colère, Mehdi fixa Si Ahmed.

— Et toi, tu penses que je suis un provocateur ?

Si Ahmed sourit, ses dents étaient longues et blanches — des dents de loup.

— Moi, je pense que tu es un patriote et c'est pour cela que je voulais te voir.

La colère de Mehdi s'évanouit : l'homme le plus recherché d'Algérie, le combattant qui, avec une poignée de paysans, tenait le maquis depuis des années, lui avait dit : « Tu es un patriote, toi, Mehdi ! »

Si Ahmed reprit à voix basse :

— J'aime les hommes qui n'attendent pas qu'on vienne les chercher pour entrer dans la lutte. Les frères ont cru à une provocation parce qu'en ville nous sommes liquidés — les hommes de novembre se comptent sur les doigts de la main. Les frères ont cru à une provocation parce qu'ils sont bien incapables de passer à l'action.

Si Ahmed s'interrompit. Une vieille femme apportait du lait caillé et des galettes qu'ils se partagèrent.

Un des quatre hommes qui étaient demeurés silencieux jusque-là intervint alors. Il était petit et un peu empâté avec un visage rond et lisse. Il était boudiné dans son uniforme tout neuf. Mehdi pensa que c'était un homme de la ville.

— Avant de passer à l'action, tu as milité ?

— Dans le Mouvement, avec le Vieux.

— Il y a longtemps ? demanda celui qui était assis à la droite du petit gros.

— Oui, c'était du bavardage, je l'ai compris un jour où on m'avait envoyé par ici faire du travail de propagande auprès des paysans.

— Que veux-tu dire ? demanda le rondouillard.

— J'ai parlé avec les paysans de la nation algérienne, de l'injustice, de l'exploitation, des étrangers qui nous ont volé notre patrie et qu'il faut chasser...

— Et alors ? interrompit l'autre homme, appuyé contre le mur de la mechta.

— Alors ? Ils m'ont écouté en silence, sans m'interrompre. Quand j'ai cessé de parler, l'un d'eux a pris la parole à son tour et m'a dit : « La prochaine fois, si tu veux nous parler, apporte des armes, sinon, ne reviens pas. »

Si Ahmed sourit et, s'adressant aux autres, déclara :

— Nos paysans sont des sages. A quoi bon parler de libération si tu n'apportes pas les instruments de la libération avec toi ? La parole s'envole, la balle frappe.

Le petit gros s'agita. Si Ahmed l'agaçait apparemment. Il affirma d'une voix mordante :

— Toute action doit être justifiée par des objectifs politiques. Seule, l'action politique nous apportera la victoire.

Il se tut, satisfait de cette tirade. Si Ahmed le fixa de ses yeux brûlants avant de se tourner vers Mehdi pour déclarer d'un ton fraternel :

— Nous allons prendre des décisions importantes et te confier un travail difficile. Le frère veut savoir pourquoi tu es passé à l'action contre les traîtres.

— Je voulais me battre aujourd'hui et tout de suite contre quelque chose qui se résume d'un mot : traîtres ! A mort les traîtres ! Les hommes qui n'ont pas d'idéal ont peur de la mort. La vie, c'est la seule chose à laquelle ils tiennent.

Si Ahmed marqua une pause, puis s'adressa de nouveau à Mehdi.

— Nous allons te confier l'organisation et la direction des groupes d'action à Alger.

Tourné vers les quatre hommes, il poursuivit :

— Je crois qu'il faut installer la terreur à Alger. Le gouvernement général veut faire de nous des Français à part entière, jamais les pieds noirs n'accepteront, il faut couper la masse européenne du gouvernement général. D'abord en exécutant une personnalité ultra, ensuite en frappant au hasard.

L'insécurité dans la ville nous servira bien plus sur le plan international. Je crois qu'une grenade rue Michelet vaut plus qu'une embuscade et des dizaines de morts en Kabylie. L'issue de la guerre se jouera à Alger.

Mehdi écoutait avec passion. Il était d'accord, c'était cela qu'il fallait faire ; il n'avait pas su l'exprimer, mais c'était ce qu'il voulait dire tout à l'heure, quand il avait parlé des traîtres.

À voix basse, Si Ahmed conclut :

— Dans une guerre révolutionnaire on ne peut pas faire de sentiment. Les Français le savent bien, ils torturent nos frères, bombardent nos villages au napalm. Il faut que la coupure soit totale. Des armes, il nous faut des armes, encore des armes, et des bombes !

— Nous n'avons pas de bombes, fit remarquer l'homme au visage rond.

— Nous en fabriquerons ! répliqua Si Ahmed.

L'autre insista. Mehdi sentait qu'il n'était pas d'accord.

— Nous allons déclencher la vague de répression la plus féroce que notre peuple ait connue. Crois-tu que

65

nous soyons assez forts pour résister à cette répression brutale ? Crois-tu que notre peuple soit prêt à la supporter ?

Si Ahmed fixa les hommes assis à ses côtés.

— Depuis plus d'un siècle, notre peuple est né, notre nation n'existe plus. La première fois que j'ai vu écrit le nom de ma patrie, c'était sur une bouteille d'apéritif, El Djezaïr… Depuis plus d'un siècle, tous les désirs d'un Algérien sont punis de prison. Alors, la répression, nous avons l'habitude. C'est la répression, en s'abattant sur nous, qui cimentera notre union, notre action terroriste débouchera sur la guerre civile.

La 2 CV s'engagea dans une rue bordée de maisons bourgeoises enfouies sous les oliviers et les orangers qui se perdait dans les hauteurs de la ville. La voiture ralentit et s'immobilisa devant une villa ocre rose à deux étages dont les balcons de ciment étaient massifs et laids. Sur le trottoir, trois gosses aux allures de vagabonds lançaient des dés sur le sol après les avoir fait rouler bruyamment dans une boîte de conserve. Tandis que le véhicule manoeuvrait pour pénétrer dans le garage, Nonosse fut intrigué par le manège des enfants. Ils vociféraient et se bousculaient en gesticulant et le plus grand d'entre eux, un gamin au regard vif et au nez de boxeur, installé dans un chariot de bois monté sur quatre roues faites de vieux roulements à bille qu'il utilisait comme une patinette sans guidon, donna le signal du départ à sa petite troupe.

Nonosse sourit, songeant que l'arrivée de l'auto les mettait en fuite.

La 2 CV stoppa en s'affaissant de l'avant. Claire, la femme du Docteur, tirait la porte du garage. Trois barrages depuis la zone des maquis — le voyage n'avait pas été de tout repos. Assis à l'avant du tacot, à côté du Docteur qui conduisait, Nonosse, embarrassé par ses longues jambes, avait fait toute la route recroquevillé sur lui-même, tandis que Claire et Maklouf, installés à l'arrière, s'ankylosaient entre les couffins chargés de victuailles qui leur interdisaient tout mouvement.

Nonosse se souvenait du fou rire qui l'avait saisi quand Maklouf avait fait irruption dans la cour de la ferme où ils avaient rendez-vous avec le Docteur pour rejoindre la ville. Le responsable politique urbain était drapé dans un haïk blanc et voilé, son ventre tendait le tissu de la robe, ses sourcils broussailleux avaient été soigneusement épilés et soulignés d'un trait de crayon noir par la main experte de Claire — il était bien à l'image de la fidèle fatma que les Européens traînaient toujours dans leurs déplacements avec les enfants et l'intendance. Durant tout le trajet jusqu'à la maison du Docteur, Maklouf, suant sang et eau, s'était accroché à sa « MAT », prêt à faire feu à l'apparition du premier uniforme.

Il se débarrassa rageusement de son déguisement.

— C'est la dernière fois que je voyage comme ça, lança-t-il.

— Comme tu voudras. Tu as pourtant pu constater l'inefficacité de la voiture ouvreuse. A chaque barrage, elle est tombée dans le panneau et n'a pas eu le temps de faire demi-tour pour nous avertir, répondit le Docteur, un peu agacé.

— S'ils me prennent déguisé en femme, ça fera une mauvaise propagande pour le Front. Je vois d'ici les journaux...

— Et s'ils te prennent en complet-veston, ça fera une bonne propagande, peut-être ?

Maklouf répondit par un grognement.

Ils montèrent tous les quatre par l'escalier de ciment qui conduisait au premier niveau de la maison. Appuyée sur le rocher, face à la mer, cachée par des palmiers, la villa du Docteur servait aux réunions du Comité de coordination de la Zone. Militants chrétiens, le Docteur et sa femme Claire avaient rallié le Front dans les premiers jours de la rébellion. Européens, ils se sentaient d'abord Algériens. Leur travail dans le bled, lui médecin, elle assistante sociale, les avaient placés face à la misère et à l'injustice qui frappaient principalement les musulmans. Ils croyaient qu'en s'engageant totalement avec le Front, ils allaient acquérir le droit d'être Algériens. Ils pensaient que la nation algérienne était en train de se créer et qu'elle serait le produit du métissage entre les communautés. Le Docteur, quant à lui, envisageait l'indépendance de l'Algérie un peu à la manière d'un Bolivar luttant pour celle de l'Amérique latine par rapport à la couronne d'Espagne…

Dans la salle à manger, lieu de rencontre habituel des responsables du Front, Omar Z'yeux Bleus, le Kabyle, les attendait. Ils se saluèrent bruyamment. Le Docteur se retira après avoir lancé à la cantonade :

— Mes malades m'attendent ! A plus tard.

Nonosse se tenait un peu à l'écart sur ses longues jambes, prises dans un pantalon de toile, le torse moulé par une chemise ajustée, de coupe militaire. Avec ses cheveux châtains coupés court qui dégageaient ses oreilles décollées, il avait des allures de soldat en civil.

Omar qui le dévisageait d'un air interrogateur lui trouvait l'air d'un étranger sympathique. Maklouf le présenta.

— C'est l'homme que vous attendiez. Si Ahmed et l'état-major l'envoient pour aider l'Ingénieur.

Maklouf marqua un temps d'arrêt avant de poursuivre.

— C'est un déserteur de l'armée française !

— Un Français ?

— Oui, un Français.

— Un vrai Français de France ? insista Omar Z'yeux Bleus.

— Un vrai Français de France, répéta Nonosse en souriant.

69

Omar s'avança et l'étreignit.

— Bienvenue, mon frère !

Claire apporta de la bière fraîche et de la limonade qu'elle posa sur la table.

Maklouf tira une chaise et s'installa, les coudes sur la table.

— A quelle heure arrive Mehdi ?

— Il ne va pas tarder, à présent. Les guetteurs l'ont déjà prévenu de votre arrivée.

Nonosse intervint :

— Comment s'appelle ce jeu de dés auquel les enfants jouaient devant la villa, quand nous sommes arrivés ? Ils faisaient un sacré boucan, avec leur gamelle !

Omar Z'yeux Bleus fixa Nonosse d'un air complice et lui répondit en souriant :

— Le tchic-tchic !

Nonosse éprouva un plaisir puéril. Il avait vu juste et démasqué les guetteurs. Par la fenêtre ouverte, le bruit du gobelet heurtant le trottoir de ciment leur parvint de nouveau. Le remue-ménage des gamins avait repris devant la villa.

— Quand on parle du loup...

Mehdi entra dans la pièce. Il s'immobilisa pour dévisager Nonosse avec curiosité puis, s'avançant vers la table, s'exclama :

— C'est bourré de patrouilles et de barrages. Ce quartier est aussi pourri que les autres !

70

Désignant <u>Nonosse</u>, Maklouf expliqua :

— C'est l'homme que t'envoie l'état-major.

— <u>Un Européen ?</u>

— Et après ? intervint Omar Z'yeux Bleus. <u>C'est</u> <u>un vrai Français de France, lui, un déserteur de</u> <u>l'armée française.</u>

<u>Nonosse croisa le regard de Mehdi. Il y perçut une</u> nette méfiance et devina sa <u>haine des Européens.</u>

— Faisons le point, proposa Maklouf. Les frères emprisonnés à Barberousse nous ont fait savoir que les conditions de détention sont <u>insupportables. Les</u> <u>matons torturent, l'eau qu'ils leur donnent à boire est</u> <u>salée. Ils nous demandent d'agir, et vite.</u> L'état-major est d'accord. J'ai là la liste des noms des surveillants à éliminer avec leurs adresses et leurs habitudes. En prison, le bruit court qu'on <u>prépare des exécutions. La</u> <u>presse est déchaînée.</u> Elle demande des têtes. Si Ahmed m'a donné des instructions à ce sujet, il faut nous préparer.

<u>Mehdi, tu disposes de combien d'hommes ?</u>

<u>Sans hésiter</u>, ce dernier fit l'inventaire de ses troupes.

— Groupe n° 1, Maison Carrée — six hommes. Groupe n° 2, Hussein Dey — dix hommes. Groupe n° 3, Belcourt — vingt hommes. Groupe n° 4, La Redoute — Clos Salembier — Kouba-Hydra, trente hommes.

Il se tourna vers Omar Z'yeux Bleus.

— Omar, lui, contrôle la Casbah avec ses groupes. Rabah...

Maklouf le coupa.

— J'ai des instructions particulières pour la fabrication des explosifs et des bombes. L'état-major veut un cloisonnement rigoureux. Je pense que les mécanismes d'horlogerie et les boîtiers peuvent être fabriqués chez les artisans de la Casbah. Le garagiste de Belcourt peut mettre au point le corps des bombes. Quant à l'explosif, l'atelier de l'Ingénieur est parfaitement équipé et, avec le renfort que nous envoie Si Ahmed, on devrait arriver très vite à un résultat. Le temps presse. Tu conduiras le Français à l'atelier et tu l'installeras là-bas. Il va travailler sous tes ordres directs. A toi de jouer. Il lui faut une carte d'identité et un permis de conduire.

— Comment veux-tu t'appeler ? Ton âge ? demanda Omar qui s'occupait des fausses identités pour la Zone.

Détachant une feuille du bloc qui se trouvait sur la table, Nonosse écrivit :

Jean DUVERNET. 23 ans.

Dans la rue, le boucan avait repris. Les enfants recommençaient à se chamailler en criant, tout en faisant tinter leur gobelet de métal sur l'asphalte.

— Qu'est-ce que c'est ? interrogea Maklouf.

— Rabah est arrivé avec la Peugeot, expliqua Mehdi.

— On se contacte plus tard.

— On y va ? dit-il en se tournant vers Nonosse.

— Assieds-toi devant.

Mehdi s'installa à l'arrière de la 203 noire. Assis derrière le volant, Rabah fixait Nonosse.

— Il travaille avec l'Ingénieur. Démarre, on y va.

Le soleil était déjà haut. Il faisait chaud. La voiture démarra et quitta la rue pour s'engager sur une route qui suivait les courbes des collines. La Peugeot grimpait rapidement vers un col qui débouchait sur une forêt assez dense.

— Ralentis. Arrête-toi là.

Mehdi désignait une plate-forme au bord de la route, espèce de belvédère aménagé pour les touristes. Rabah stoppa. Ils descendirent de voiture. Mehdi entraîna Nonosse vers le garde-fou.

— Ici, ça s'appelle le bois de Boulogne. C'est vrai que vous avez aussi un bois de Boulogne, à Paris ?

— C'est vrai, répondit Nonosse, découvrant la ville étalée à ses pieds.

— C'est plus beau ici, n'est-ce pas ?

Nonosse songea à Paris et sourit.

— C'est vraiment beau, dit-il.

— Tu vois, là-bas, à gauche, c'est la Casbah. Cent mille personnes y vivent, entassées comme du bétail. Ils payent l'impôt. Ils nous cachent. Ils nous aident, c'est notre peuple. Les militaires ont tout bouclé avec des barbelés. Ils n'osent pas entrer, pour le moment, ils ont la trouille.

Mehdi esquissa un sourire et, montrant du doigt, poursuivit l'inventaire de sa ville.

— En bas, c'est la gare de l'Agha. Là, les entrepôts.

À côté, le grand Môle et le bassin de l'Agha. Le port… tu dois connaître ?

— Oui, c'est là que j'ai débarqué avec mon casque neuf et mon sac de matelot.

Il y eut un long silence entre les deux hommes, puis Mehdi demanda :

— Tu es avec nous, alors ?

Mehdi se dirigea vers la voiture sans attendre la réponse de Nonosse.

La réunion avait duré longtemps.

Chaussés de patagas neuves, Mehdi et Omar le Kabyle marchaient depuis trois heures, sur un mauvais sentier dont les pierres roulaient sous les pieds, les empêchant de trouver leur équilibre. Mehdi dévalait rageusement la sente, précédé par l'éboulement des cailloux. Omar Z'yeux Bleus le suivait, vaguement inquiet. Les deux hommes laissaient derrière eux les pentes des montagnes kabyles, leur odeur de thym et de menthe sauvage. Ils suivaient sans difficulté la piste bien balisée par les hommes de Si Ahmed. Ils se savaient épiés et protégés par des sentinelles invisibles. À présent, ils avançaient dans le lit d'un petit

74

torrent qu'ils devaient suivre jusqu'à l'oued qui serpentait au fond du ravin. La pente était plus douce, la ravine s'évasait avant de se mêler et de se perdre dans le cours d'eau qui, à cet endroit, faisait un coude. C'était là qu'ils avaient rendez-vous.

Les moudjahidines les attendaient, allongés sous les lauriers-roses qui poussaient en touffe entre les rochers ronds, au bord de la rivière. Ils devaient les conduire jusqu'au prochain village où une voiture viendrait les prendre pour les ramener en ville.

Ils suivaient maintenant un chemin poudreux bordé de murs de pierre sèche. La végétation avait changé, quelques carrés d'orge et de blé fraîchement coupés entre des plantations disciplinées d'oliviers et de figuiers. Des ânes s'étaient joints à la petite troupe qui s'engagea sur une route plantée d'une rangée d'eucalyptus. Enfin, ils atteignirent le village. Des chiens faméliques aboyaient sans conviction, des enfants aux yeux mangés de mouches venaient à leur rencontre en souriant. Le village, quelques mechtas misérables, s'accrochait à la colline.

La colonne passait devant la djema, les vieux qui bavardaient se levèrent pour saluer les combattants de l'ALN à la manière qu'ils avaient apprise dans l'armée française.

« Il ne leur manque que leurs décorations », songea Mehdi. Il les trouvait craintifs et obséquieux.

— N'oublie pas, Mehdi, la population, c'est l'enjeu. Celui qui gagne la population gagne la partie. Et,

pour gagner la partie, tous les moyens sont bons...
Ces paroles de Si Ahmed prenaient aujourd'hui une étrange résonance.

Ils pénétrèrent dans l'épicerie du village. L'épicier, vêtu d'une blouse grise, se précipita servilement à leur rencontre.

— Entrez, vous êtes chez vous. La voiture des livraisons passera vous prendre demain matin.

Mehdi fit rapidement le maigre inventaire. A même le sol, des sacs d'orge, de maïs et de pois chiches béaient, à moitié vides. Sur les étagères, des cubes de savon, des pains de sucre et des boîtes de sardines. Les enfants se serrèrent sur l'unique banc pour leur faire de la place. La femme de l'épicier avait préparé des galettes et du thé à la menthe fraîche bien sucré.

Assis sur le banc, sous le regard admiratif des enfants qui caressaient le pistolet mitrailleur, Mehdi sirotait son thé.

— Qu'est-ce qui ne va pas, mon frère ? lui demanda Omar Z'yeux Bleus avec inquiétude. Devant son silence, il précisa :

— C'est la réunion ?

Mehdi répondit :

— Combien étions-nous, à cette réunion ?

— Quinze. Pourquoi ?

— Tu crois que les résultats concrets justifiaient la mobilisation d'un millier de combattants pour assurer notre sécurité ? Tu crois que ça en valait la peine ?

— Cette réunion, c'est déjà une victoire, Mehdi.
Parce que nous nous sommes réunis dans notre patrie
occupée, quadrillée par un demi-million de soldats,
nous nous sommes réunis malgré la terreur, c'est ça,
l'important.

— Écoute, nous avons tous pris des risques pour
venir jusqu'ici. J'y suis venu la joie dans le cœur, parce
que je croyais rencontrer des combattants. Mais j'ai
trouvé des commerçants qui se chicanaient autour
d'une table, discutaillant sur les prix, la qualité, la
quantité. Je croyais qu'ils étaient comme moi, que leur
unique obsession était la lutte contre les Français,
contre la misère de notre peuple. Mais non ! J'ai vu
des hommes déjà installés dans leur fauteuil de ministre. Tu les as vus comme moi s'allier les uns contre les
autres. Tu as vu comme moi les clans se faire et se
défaire pour englober telle ville, telle montagne dans
leur territoire. Tu les as vus comme moi se partager le
pays.

Mehdi se tut. Les enfants et l'épicier avaient disparu
par le passage tendu d'une toile au fond de la
boutique. Il reprit :

— Ils réglementaient, ils légiféraient comme des
fonctionnaires. Je suis venu vers eux chercher l'amitié
et la fraternité, je n'ai trouvé que l'orgueil et la soif du
pouvoir. Pendant ce temps, des millions d'hommes et
de femmes luttent, nous protègent et nous cachent au
péril de leur vie. Non, le peuple n'a pas les dirigeants
qu'il mérite !

— Le peuple est emporté par la guerre comme par une avalanche, Mehdi. Il apprendra aussi à juger ses chefs, répondit Omar Z'yeux Bleus le Kabyle.

Une énorme explosion. Les murs du garage tremblent, les vitres du vasistas volent en éclats.

— C'est un bombardement, songe Nonosse.

Il sort dans le jardin pour se rendre compte. La cuisine se dessine en coupe sur la façade de la maison, le mur en a sauté comme un couvercle, un buffet suspendu au bord du vide hésite encore entre le gazon de la pelouse et les carreaux de faux marbre de la cuisine.

— Merde, la cuisine !

Nonosse se précipite dans l'escalier, monte à l'étage, traverse le laboratoire miraculeusement épargné, pénètre dans la salle à manger dévastée. L'Ingénieur est affalé contre la porte palière, sans connaissance. Il est criblé d'éclats de verre et saigne abondamment.

Nonosse se penche sur lui, l'entend respirer, gargouiller. Il le charge sur ses épaules et l'emporte. Il dévale l'escalier vers le garage. Dans le jardin, déjà, les voisins s'attroupent et s'interrogent. Nonosse les bouscule, les écarte.

— C'est une bombe ! Un coup des fellouzes ! lance-t-il.

Il jette l'Ingénieur qui reprend lentement connaissance sur le siège arrière de la Traction, se glisse derrière le volant de la 11 CV et se fraye difficilement un passage vers la sortie. Les voisins s'accrochent à la carrosserie, se collent aux vitres pour apercevoir le corps sanglant, étendu au fond de la voiture.

— Dégagez, mais dégagez bon Dieu ! Je le conduis à l'hôpital Mustapha.

Il s'engage dans la rue Denfert-Rochereau, tourne à droite et fonce à toute allure vers les hauteurs de la ville. Il ne lève le pied de l'accélérateur qu'en apercevant la maison du Docteur cachée dans les palmiers.

— Le Docteur est absent. Vous ne devriez pas être ici ! Que se passe-t-il ?

— Plus tard... Ouvrez le garage, vite !

Claire s'exécute, elle voit l'Ingénieur couvert de sang. Elle ne pose plus de questions. Aide Nonosse à transporter le blessé dans le cabinet de son mari.

— Faut prévenir Mehdi, lance Nonosse.

— Je n'ai pas de contact avant demain matin dix heures.

— Bon. Je vais planquer la bagnole.

— Votre chemise... elle est pleine de sang ! Vous ne pouvez pas sortir comme ça. Attendez, je vais vous chercher quelque chose. Restez près de lui.

Nonosse marchait très vite malgré la chaleur. Il avait besoin de sentir son corps, de faire jouer ses muscles, de respirer rapidement, de se sentir vivre. La peur lui était tombée dessus par surprise, après qu'il eût garé soigneusement la 11 CV Citroën dans une rue bourgeoise. Il avait encore la main sur le contact quand un tremblement incontrôlable l'avait submergé. Ses bras, ses jambes ne répondaient plus aux appels désespérés de son cerveau. Ses dents s'entrechoquaient, cela ressemblait à une crise de paludisme. Une passante, intriguée, se penchait sur lui, le visage contre la vitre.

— Ça ne va pas, Monsieur ?

Son cerveau se remit à fonctionner normalement, le tremblement de ses bras et de ses jambes s'interrompit. Il retrouvait la maîtrise de son corps : le regard de cette femme avait chassé sa peur. Il abaissa la vitre.

— C'est rien, un petit accès de fièvre, le paludisme. Mais ça va mieux.

Nonosse s'épongea, son corps était moite, il avait l'impression désagréable de s'être pissé dessus.

— Il faut vous soigner, jeune homme,

— Oui, oui, merci Madame, merci.

Qu'est-ce qui s'est passé ? merde !

Et si le laboratoire avait sauté ? Nonosse pensa qu'ils avaient eu beaucoup de chance. Rabah était venu le matin même prendre livraison de la douzaine de pains d'explosif. Ils étaient entreposés dans la cuisine.

Un seul pain — tu parles d'un coup de pot !

Nonosse ne comprenait pas. La nitro avait été

lavée, le système de l'argile comme stabilisateur fonctionnait bien.

Qu'est-ce qui s'est passé ? merde !

Nonosse entra dans une pâtisserie européenne et acheta un mille-feuilles énorme. La crème pâtissière jaune débordait, la poussière de sucre glace formait un halo autour de sa bouche et se déposait délicatement sur la chemise que lui avait prêtée Claire.

— Vous allez vous en mettre partout !

La serveuse lui tendit une serviette en papier, sourit, et le regarda rêveusement engloutir son gâteau. La boutique était fraîche. Le ventilateur ronronnait. Le bruit régulier de ses pales brassant l'air engourdissait la pensée de Nonosse, lui donnait l'impression que le temps s'était arrêté.

— Vous êtes drôlement gourmand, vous.

La voix était rauque, chaude, intime. Nonosse dévisagea doucement la serveuse brune. Sous la blouse bleue trop ajustée, la peau hâlée débordait de partout, comme la crème du mille-feuilles. Les boutons blancs, nacrés, glissaient à demi des boutonnières. Une auréole de sueur assombrissait le tissu sous les bras. Nonosse humait l'odeur exquise de la petite qui chassait les parfums de sucre de la boutique.

Les lèvres de la vendeuse étaient gonflées et rouges comme des friandises. Ses yeux s'embuaient. Nonosse sentit son sexe durcir.

— Voilà les religieuses !

Le patron surgit, précédé d'un plateau chargé de religieuses au café, bien alignées sous leur petit chapeau de pâte à chou décoré de sucre caramélisé.

— Vous me mettrez aussi quatre religieuses, je les emporte.

La petite serveuse semblait au bord des larmes. Le sexe douloureux, Nonosse se retrouva dans la rue, tentant désespérément de réprimer son désir.

Le Docteur retirait méticuleusement les éclats de verre. L'Ingénieur grimaçait.

— On peut dire que t'as de sacrés réflexes, hombre ! lança-t-il à l'adresse de Nonosse.

L'Ingénieur était un ancien de la guerre d'Espagne, qu'il avait faite dans les rangs du POUM. Sa blessure sur le front d'Aragon lui avait sauvé la vie. Retardant son repli sur Barcelone, son séjour à l'hôpital l'avait fait échapper à la longue traque assassine qu'organisait le Parti communiste espagnol contre les militants du POUM. Dans la débâcle finale, il avait pu embarquer sur un bateau français et s'était retrouvé sur les quais d'Oran, un jour d'hiver, en espadrilles, avec pour tout bagage le costume de velours qu'il portait au moment de sa fuite. Pour fuir la colonie espagnole d'Oran, qui comptait de nombreux communistes, il était allé s'installer à Alger. Apatride, il s'était tout naturellement engagé dans les rangs du Front. Nonosse couvait d'un regard inquiet ce petit homme trapu au regard mélancolique.

L'Ingénieur demanda au Docteur :

— Nada — n'est-ce pas, docteur ?

— Arrête de gigoter, sinon je vais être obligé de te laisser repartir avec ton chargement de verroterie.

— N'empêche que je ne comprends pas ce qui s'est passé. On a déjà failli se faire sauter la gueule, mais je l'avais senti venir, je n'avais eu qu'à interrompre la réaction.

Alors que là, je ne comprends rien. Bien, mon petit camarade, poursuivit-il en s'adressant à Nonosse, il ne nous reste plus qu'à recommencer notre travail. J'te dois une fière chandelle, tout de même. T'as de sacrés réflexes, merde.

Nonosse se souvenait que l'Ingénieur avait dû s'armer d'une rude patience pour lui apprendre le métier. « Fabriquer des bombes, c'est d'abord un état d'esprit », disait-il. Ou bien encore, il déclarait : « Une bombe vaut mieux qu'un long discours. » Cette dernière formule les faisait rire. Amical et fraternel, précis dans son travail, l'Ingénieur arrivait au laboratoire tous les jours à la même heure, comme on se rend au bureau ou à l'usine. « Dans la clandestinité, disait-il, il faut avoir les mêmes horaires que les gens normaux, quitter son appartement le matin, rentrer le soir, ressembler aux autres. » Pendant les pauses, à l'heure du déjeuner, il parlait longuement de l'Espagne. Il évoquait les batailles qui avaient enthousiasmé Nonosse, dans son enfance. Il racontait... c'était il y a vingt ans... les assauts en espadrilles, les bombes, les mèches courtes...

— C'est les communistes qui ont fait liquider Durutti, pendant les combats à l'Université. Je l'ai vu souvent passer dans sa grosse Packard avec ses hommes. Il portait toujours un naranjero, un fusil terrible, à tir rapide. Je le connais bien, ce fusil, j'ai eu le même pendant une partie de la guerre, c'est vrai, c'est un fusil sensible, mais Durutti connaissait trop bien les armes et depuis trop longtemps. Alors, tu comprends, me faire croire que son naranjero est parti tout seul — pas à moi ! C'est les communistes...

C'était une guerre de merde, hombre !

C'était à celui qui aurait les plus grosses couilles. Tu connais cette connerie qu'on chantait là-bas : « Nous n'avons ni tank, ni canon, ni avion. Mais nous avons des couilles. » En fin de compte, c'est les fascistes qui nous les ont coupées, les couilles, comme on dit par ici ! A propos de couilles, tiens, Mehdi, il a de sacrées couilles...

Son visage se plissait, il riait d'une espèce de ricanement.

— De sacrées couilles... hombre !

L'Ingénieur fixait la rangée de petites plaques noires et blanches qui lui faisait face. D'un air méditatif, il contemplait les chiffres. Puis, saisissant délicatement le domino entre le pouce et l'index, il le posait silencieusement sur la table. Avec un sourire qui se voulait énigmatique, il lançait :

— A toi !

Agacé, Nonosse choisissait rapidement un numéro sans se projeter plus avant dans la stratégie du jeu. Il le claquait sèchement sur la table, du plat de la plaque, comme il avait vu faire dans les cafés maures.

— Tu joues bruyamment comme les paysans, mais sans malignité, disait l'autre.

Sentencieux, l'Ingénieur retournait à sa méditation.

Depuis l'explosion dans la villa, l'Ingénieur et Nonosse ne sortaient plus. Après le travail, ils bavardaient, lisaient et consacraient régulièrement un long moment à la cérémonie des dominos.

— Tu vois, c'est quelque chose de plus que j'ai en commun avec ce peuple, la passion des dominos.

Il était presque l'heure du couvre-feu quand Mehdi arriva. Il avait le regard sombre et semblait préoccupé.

— Finissez votre partie. Je vais dormir ici ce soir.

Après avoir fait glisser sa MAT de son épaule, Mehdi la posa par terre sur le tapis, à portée de sa main et s'allongea sur le divan.

D'un geste rapide, l'Ingénieur mélangeait les plaques en les frottant sur la table. Comme d'habitude, Nonosse avait perdu la partie.

— Au jeu, on ne gagne pas sans passion, hombre ! commenta l'Ingénieur.

— A demain. Bonne nuit !

Nonosse avait envie d'aller se coucher. Mehdi lui dit :

— On n'a jamais le temps de parler, tous les deux.

Nonosse demeura assis, les coudes sur la table. Mehdi poursuivit :

— L'Ingénieur m'a raconté, c'est bien, ce que tu as fait. Vous auriez pu mourir tous les deux pour cet explosif... Tu vois, avant de te connaître, j'avais une haine terrible pour tout ce qui était européen. Jamais je n'aurais cru qu'un Européen puisse défendre les mêmes idées que nous.

— Et l'Ingénieur ?

— C'est pas pareil, c'est un Espagnol, un anarchiste.

Nonosse souriait. Il ne voyait pas où l'autre voulait en venir.

— Quand tu es arrivé parmi nous, je t'ai mal reçu.

— Tu ne me connaissais pas.

— Non, c'est pas ça. Je voudrais te faire comprendre... Tu te souviens du 8 mai 1945 ?

— Oui, c'était la fin de la guerre, le jour de la victoire. On fêtait la libération après cinq années de guerre contre les nazis. J'avais douze ans... j'ai enfin découvert le chocolat !

Tendu, Mehdi commença :

— En mai 1945, je cherchais ma nourriture dans les poubelles. Je me battais avec les chiens pour un croûton de pain. L'année précédente, les récoltes avaient été mauvaises à cause de la sécheresse. Le peuple ne mangeait pas à sa faim. A Sétif, sur les murs, on vit apparaître des graffiti : « Musulmans, réveillez-vous, notre drapeau vert et blanc flottera sur l'Algérie ! »

Le matin du 8 mai 1945, un rassemblement se forma devant la mosquée. Des pancartes se dressèrent au-dessus de la foule. Elles disaient : « Libérez Messali ! » « Vive Messali ! » et encore : « Pour la libération du peuple, vive l'Algérie indépendante ! » C'était la première fois que je voyais notre drapeau vert et blanc, le drapeau d'Abd el Kader. La fusillade a commencé. Un jeune garçon est tombé, touché au ventre. Les manifestants se sont regroupés, les femmes poussaient leurs « youyou », des voix appelaient à la *djihad,* la guerre sainte.

Je crois que nous nous sommes jetés sur les Européens avec nos poings, nos couteaux et nos haches. Nous avons frappé, nous avons égorgé. L'odeur du sang... je crois me souvenir de l'odeur du sang...

Les yeux de Mehdi étincelaient. Il se souvenait...

— Nous avons tué plus de cent Européens après les avoir saignés et mutilés. Tu comprends, ce jour-là, le jour de la fête de votre libération, nous voulions en faire le jour de notre liberté...

Le sang des Européens n'avait pas encore séché que le nôtre coulait déjà. La révolte s'étendait au nord vers Djidjelli, à l'est vers Constantine et Guelma. Les avions piquaient sur les mechtas. Ils mitraillaient, ils lâchaient leurs bombes. Je voyais leurs cocardes tricolores, bleu, blanc, rouge. Sur la côte, les bateaux de guerre qui croisaient au large s'approchèrent pour canonner Kerala, pour raser les douars. Les Européens s'organisaient, ils lynchaient les détenus dans les prisons.

Après ces événements, nous autres musulmans, nous dûmes porter un brassard blanc, comme les juifs l'étoile jaune pendant votre guerre, ceux qu'on rencontrait sans leur brassard étaient abattus sur place...

Aujourd'hui encore on discute du nombre des

morts. Dix mille, disent les uns, vingt mille, quarante mille…

La voix de Mehdi était devenue sourde et douloureuse.

— J'ai oublié le visage de ma mère et de mon père, assassinés parce qu'ils ne portaient pas le brassard blanc.

Mais je n'ai jamais oublié cette boucherie. C'est là que mon nationalisme est né. C'était la première bataille de notre guerre. Pour toi, le jour de la libération était un jour de fête. Pour moi, c'était un jour de deuil et mon premier combat.

Mehdi se tut, puis, les yeux fixés sur Nonosse, il reprit :

— Nous ne sommes pas nés avec les mêmes souvenirs, toi et moi, mais, aujourd'hui, nous sommes en train de nous fabriquer les mêmes. Je sens que des choses changent en moi, que je ne vois plus tout ça de la même façon…

Mehdi se leva.
— Je vais faire du café.

Nonosse et Mehdi dégustaient le café, lentement, à petites gorgées entrecoupées d'une rasade d'eau fraîche pour mieux en savourer la douce amertume.

Le café était fort et parfumé. Ce n'était pas une de ces lavasses qu'affectionnent les Français, faite pour dégoûter de l'amitié.

« Vous prendrez bien un p'tit café ? »

Cette interrogation qui est toujours une affirmation, c'est l'amorce d'une confidence, le début d'une amitié. Dans les temps difficiles, quand le café est rare — c'est le café partagé : la solidarité. Le café réconforte et réjouit, il tonifie et titille le cerveau, fait battre un peu plus vite le cœur, ce traînard. Quel est donc l'imbécile qui a dit « le café énerve » ?

En allumant sa Bastos, Nonosse songeait que le tabac participait du même rituel. « Une cigarette ? »

On le hume, on le touche, on le roule, le tabac. On le partage et lui aussi fait battre le cœur. Nonosse fit l'inventaire de ce qui accélère les battements du cœur : le café, le tabac, l'action, la guerre, la peur, l'amour...

Mehdi proposa :

— Encore un peu de café ?

Nonosse recevait les confidences de Mehdi comme un gage d'amitié et de confiance. Mais il y perçut aussi du désespoir et quelque chose que Mehdi ne parvenait pas à sortir de lui-même.

— Ce que je voulais te dire, mon frère, c'est que ça va mal. Je ne parle pas de la guerre — l'armée ne peut pas être partout. Nous harcelons, nous terrorisons. Il ne peut pas y avoir une compagnie de soldats pour protéger chaque Européen, chaque traître. Prends l'affaire des gardiens de prison ; nous en avons tué une dizaine. Le gardien-chef, les hommes d'Omar l'ont abattu devant chez lui. De la prison, les frères nous ont fait savoir que les gardiens devenaient plus humains, qu'on pouvait arrêter le massacre. Nous gagnerons. Même défaits sur le terrain, nous gagnerons parce que la guerre s'étend à tout le territoire et qu'elle marque profondément l'existence de chacun. Au point que, jamais plus, ça ne pourra être comme avant.

Mehdi tâtonnait, hésitait. Nonosse l'interrogea :

— Qu'est-ce qui va mal, Mehdi ?

— Je rêve au jour de l'indépendance et, en même temps, ce jour me fait peur. Je pense à ceux que j'ai vus se battre déjà pour le pouvoir. Quand ils pourront le faire au grand jour, ce sera terrible.

Ils oublieront toutes les souffrances de notre peuple pour se disputer les places. Ce sera la lutte à mort pour le pouvoir. Nous sommes en pleine guerre et certains y pensent déjà... les politiciens... quand je pense...

Mehdi s'interrompit puis reprit, non sans fanatisme :

— Tiens, je crois que je préfère mourir au combat, avant la fin.

Nonosse se pencha au-dessus de la table, souleva la cafetière et l'inclina sur la tasse.

— Tiens, il n'y a plus de café, constata-t-il.

L'atelier de l'ébéniste avait deux entrées, l'une donnait sur la ville turque, l'autre s'ouvrait sur le boulevard, face à la masse blanche de la vieille prison avec ses tours de guet. Le boulevard marquait la limite entre la Casbah et les hauteurs de la ville.

Depuis trois jours, l'ébéniste supportait la présence des deux garçons qui, installés devant sa boutique à demeure, faisaient claquer à longueur de journée une timbale d'aluminium contre le trottoir. Les deux gamins, des vagabonds, jouaient au tchic-tchic. Ils faisaient rouler les dés dans leur gobelet improvisé puis, d'un geste vif, le renversaient sur le trottoir en le frappant brutalement. Les deux gamins se disputaient en braillant, roulaient les dés et, de nouveau, frappaient le sol.

« Ce jeu est un des rares vices que nous ne devons pas aux Français », songeait l'ébéniste.

Il se souvenait de son apparition, pendant la Deuxième Guerre mondiale, après le débarquement des Américains. Les soldats, surtout les Noirs, jouaient sur le capot de leurs jeeps, en riant et en vociférant. Le peuple de la Casbah avait adopté le jeu. L'ébéniste avait oublié à quel moment on l'avait baptisé « tchic-tchic ».

Il s'aperçut que le vacarme s'était interrompu, les enfants avaient cessé de jouer. Surpris et soulagé, il s'arrêta dans son travail et posa sa gouge sur l'établi.

Les deux petits vagabonds firent irruption dans son échoppe. Le plus grand, qui avait un nez écrasé de boxeur, lui demanda :

— Vite, grand-père, vite ! Tu dois nous lire les noms, tu dois nous dire quand. Vite !

Abandonnant son atelier, il traversa le boulevard flanqué des deux gosses. Sur le portail sombre de la prison, l'affiche faisait une tache claire. C'était ainsi qu'on annonçait officiellement l'exécution des condamnés à mort. Il s'arrêta devant le placard encore humide de colle. Il le déchiffra lentement, à haute voix.

— Zabana Ben Mohamed et Ferradj Abdelkader, condamnés à mort par le tribunal militaire, seront exécutés à la prison de Barberousse le 19 juin.

Moktar le boxeur répéta :

Zabana ben Mohamed, Ferradj Abdelkader — le 19 juin.

— Ça y est !

Moktar le boxeur se laissa tomber par terre pour

reprendre son souffle. Il avait battu Arezki à la course — c'était lui le meilleur.

Omar Z'yeux Bleus jouait aux dames. Le vieux qui lui faisait face sourit, souleva un pion noir, rebondit trois fois et mangea les blancs.

— Dame ! Tu n'es pas au jeu, s'exclama-t-il.

Omar fixait Moktar, assis à ses pieds.

— Tu te souviens ? Tu es bien sûr ?

— Oui. Les frères Ferradj et Zabana seront guillotinés le 19 juin, c'était écrit.

Arezki pénétra dans le café maure en tirant la langue et vint s'accroupir près de Moktar.

— Je suis encore arrivé le premier, lui lança ce dernier d'un air de défi.

— C'est bien, dit Omar. Maintenant, il faut prévenir Mehdi. Allez sous les arcades de la rue Bab Azoum, installez-vous devant la boutique de Lakdar, le marchand de babouches. Jouez et frappez par terre, trois fois, puis deux fois, jusqu'à ce qu'il sorte de sa boutique et vous chasse. Après — Lakdar sait ce qu'il faut faire. Allez !

Moktar le boxeur et Arezki appartenaient à une bande de voleurs et de mendiants qui travaillaient pour un faux aveugle que tous appelaient le Vieux. Cela faisait un peu plus d'un mois que Moktar était venu voir Mehdi pour se plaindre du vieillard. Il rouait de coups les enfants, tous orphelins ou abandonnés par leurs parents. Il avait blessé un des plus petits en le sodomisant. De plus, Moktar l'avait surpris en compagnie d'un inspecteur de police qui lui remettait de l'argent. Mehdi avait fait son enquête puis exécuté le Vieux. Livrée à elle-même, la petite troupe avait choisi Moktar comme chef. On les rencontrait dans les ruelles, devant les échoppes, sous les voûtes, sur les places, jouant au tchic-tchic, chapardant, chantant, mendiant des cigarettes auprès des militaires, poursuivant les chats et les chiens faméliques, investissant la ville entière sans se soucier de ses frontières de barbelés. Ils étaient devenus les oreilles et les yeux de Mehdi et du Front.

La réunion se tenait dans la villa du Docteur. Maklouf, assis derrière le bureau, à la place habituelle du médecin, dépouillait le courrier du maquis. Dépliant soigneusement les messages, il en prenait connaissance et les répartissait en trois petits tas. Assis dans le grand fauteuil de cuir, Mehdi astiquait sa MAT 49 avec minutie. Omar, allongé sur le divan destiné aux clients, lisait la page des sports de *L'Écho d'Alger*.

Mehdi s'interrogeait à haute voix :

— Je ne comprends pas. Pourquoi maintenant ? Il y a des contacts entre les nôtres et le Gouvernement.

— Les Européens ont gagné, répondit Maklouf. Le gouvernement a cédé, ils auront leurs exécutions.

— Ferradj est infirme. Il a reçu une balle dans l'œil et ils lui ont bousillé une jambe. Ce sont des prisonniers de guerre. On n'exécute pas les prisonniers de guerre !

Maklouf brandit une feuille arrachée à un cahier d'écolier. Le papier avait été plié et replié sur lui-même de nombreuses fois.

— Voilà les consignes de l'état-major. « Toute exécution de combattant entraînera des représailles. Pour chaque maquisard guillotiné cinquante Français seront abattus... »

Maklouf interrompit la lecture du message et dit :

— Ferradj et Zabana sont des hommes de Si Ahmed, ils étaient en uniforme. Ils ont été pris les armes à la main en combattant. Il faut obliger le gouvernement français à considérer les hommes du Front comme des soldats et à les traiter comme des prisonniers de guerre.

— Tu n'as pas terminé la lecture du message, intervint Mehdi.

— ...si les moudjahidines Ferradj et Zabana sont exécutés, descendez n'importe quel Européen de dix-huit à soixante ans.

Maklouf marqua une pause, puis lut, comme à regret :

« Pas de femmes, pas d'enfants, pas de vieillards. »

Mehdi eut un sourire et demanda :

— Pour l'âge, tu crois qu'il faudra leur demander leur carte d'identité ?

Irrité, Maklouf se leva.

— Pour toi et Omar, les actions commencent le 20 juin à dix-huit heures. J'informerai les autres. Je pars le premier.

Avant qu'il ne sorte du bureau, Mehdi qui replaçait son PM sous l'aisselle droite interpella le responsable politique urbain :

— Pas de femmes, pas d'enfants, pas de vieillards...

— Ce sont les consignes. Je respecte les consignes, même si je pense à titre personnel que ces mesures restrictives appartiennent au folklore féodal et à la mentalité petite-bourgeoise. Moi, je pense qu'il n'y a pas d'innocents, si tu veux savoir, répondit Maklouf avant de quitter la pièce.

Eugène Pittesard étalait sa rondeur derrière le bureau modern'style du Gouvernement Général. Il avait décidé de se montrer ferme. Il allait leur faire voir, à ces porteurs de burnous, qu'on ne tue pas impunément des Français. Il représentait la République et la Démocratie. La devise inscrite au fronton des mairies ne donnait nullement le droit de se révolter au nom de la liberté, de l'égalité et de la fraternité.

— Foutaises... Quand la France était occupée par les fridolins, c'était pas pareil. Moi-même, je m'en suis payé, du boche. Ici, nous sommes chez nous. Ces types ne sont pas des patriotes, ce sont des terroristes, à zigouiller — la guillotine !

Son chef de cabinet, jeune énarque progressiste aux épaules étroites sous la veste rembourrée de certitudes, acquiesca.

— Vous avez raison, Monsieur le Ministre.

Eugène alluma une gauloise. Le matin même, au petit déjeuner, il avait eu des mots avec sa femme, Paulette.

— Un socialiste ne peut pas se servir de la guillotine comme un vulgaire réac, lui avait-elle dit.

Elle lui avait gâché son café au lait et ses croissants, et maintenant il fallait qu'il reçoive tous ces cure-tons.

Vieil anticlérical, champion de l'école laïque, Eugène détestait les curés.

Se tournant vers l'énarque à l'échine bureaucrati-que, il dit :

— Faites entrer les corbeaux !

Ils étaient tous là — l'archevêque de la ville, le président du consistoire, le grand mufti et le pasteur de l'Église réformée.

S'étant extirpé de derrière son bureau, Eugène se dressait sur ses courtes jambes, tirait sur le bas de son veston croisé qui lui donnait des allures d'Al Capone rétréci par la traversée de l'Atlantique. Il fixa sur ses interlocuteurs le regard soupçonneux dont, employé syndiqué, il scrutait en s'éclairant de sa lampe de poche, le cadran compliqué des compteurs du Gaz de France.

— Je connais le but de votre visite. Je vous écoute.

Les plus agités étaient ceux qui portaient une robe. La noire pleurnichait :

— L'un de ces hommes est gravement blessé. Vous ne pouvez pas exécuter un infirme !

La blanche vociférait en tirant sur une barbichette prophétique :

— Le sang appelle le sang !

Les autres hochaient du chef, crachotaient et bafouillaient dans le plus grand désordre.

— Une balle est entrée dans la tête !

— Elle est ressortie par l'œil gauche !

— Votre droit de grâce !

— Monsieur le Ministre !

— Monsieur le Résident !

— Monsieur le Gouverneur !

— Monsieur le Général !

— Monsieur le Socialiste !

— Monsieur le Résistant !

— Monsieur le Syndicaliste !

— Monsieur l'employé du Gaz de France !

— Votre droit de grâce !

Ces curés caquettent pire que Paulette, songeait Eugène Pittesard, les mains enfoncées dans les poches de son veston croisé.

« Mais où est donc passé mon paquet de sèches ? Mes gauloises, bon sang, je veux mes gauloises ! »

S'adressant à l'énarque qui se précipita l'œil hautain et la lippe statisticienne, il lui dit à voix basse :

— Mon paquet de pipes... sur la table.

Les émissaires des cultes s'essoufflaient. Voyant le jeune homme se précipiter vers la table, ils pensèrent qu'il allait téléphoner au directeur de la prison de Barberousse et lui enjoindre d'arrêter les frais.

— La grâce ! supplia une dernière fois l'archevêque.

100

— La grâce, reprit le chœur des curés dans un dernier soupir.

Eugène malaxait son paquet de gauloises retrouvé, savourant à l'avance la cigarette qu'il tripotait.

Eugène Pittesard, reins cambrés, ventre en avant, ajustant son casque, tirant sur la jupette qui caressait ses cuisses musclées, déployant ses fidèles légionnaires, flattant son glaive et levant le bras fit enfin le geste qu'attendait le peuple des petits Blancs d'Alger : il abaissa le pouce.

— Je regrette, dit-il, ce pays a besoin de sécurité. Il faut faire un exemple, j'ai fait dresser les bois de justice.

Encore quelques coups de marteau et l'estrade sera solidement ajustée sur les tréteaux. Le bourreau s'impatiente. Il affûte machinalement le couperet. « Monter les bois de justice, c'est mon boulot, les pièces s'adaptent comme celles d'un meccano, un jeu d'enfant », pensa-t-il.

Quand tout fut prêt, il prit un peu de recul pour avoir une vision d'ensemble. Le tableau était réussi, les charpentiers de la mort avaient bien bricolé.

— C'est beau ! dit-il à haute voix.

Le bourreau prit sa gamelle. Sa femme lui avait préparé un repas froid. Il cassa une petite croûte en attendant les clients.

Ferradj le borgne, emporté par les matons, donna le signal :

— Liberté ! Liberté !... Djezaïr !

Ce fut d'abord un murmure de voix, un brouhaha confus, une ample rumeur. Puis le vacarme fracassant des gamelles heurtant les barreaux des fenêtres, les cris de rage, les huées, les insultes. Enfin, une formidable clameur, message de haine et de vengeance, envahit la Casbah.

Ils introduisent la tête dans la lunette. Le couperet glisse entre les deux montants verticaux et vient trancher le cou.

D'abord, c'est Ferradj le borgne. Puis Zabana.

C'est fini. Les guillotineurs entreprennent de démonter leur machine.

Les prisonniers entonnent le chant de guerre de l'ALN.

Les femmes de la ville turque pleurent et se lamentent. Toutes les femmes de la Casbah sont veuves de Ferradj le borgne et de Zabana. Le premier roulement monte dans la gorge des mères, les cris aigus s'élèvent, les ululements, chant de colère, chant de mort et chant de guerre, les youyou roulent aux quatre points cardinaux de la ville, se riant des barbelés, ils portent le message aux buveurs d'anisette et aux baigneurs de la Madrague : la guillotine est l'instrument de la terreur.

La guerre des gusses

Mehdi fait basculer le chargeur de la MAT et introduit une cartouche dans le canon. Il la porte sous l'aisselle droite, suspendue à une rondelle de caoutchouc découpée dans une chambre à air. C'est la méthode qu'ont adoptée tous les combattants urbains. Portée ainsi, chargeur rabattu le long du canon et de la culasse, la MAT est d'un encombrement minimum, invisible entre le flanc et le bras droits.

La traction avant volée par Sadeck double le trolleybus et vire à droite dans une traverse.

— Là, c'est bon, ralentis... stop !

Mehdi pousse la portière qui s'ouvre vers l'avant. Il saute et tire en courtes rafales sur les trois hommes qui s'effondrent. Sortant de sa poche une feuille de papier, il la jette près des corps. La voiture l'engouffre et disparaît.

Omar Z'yeux Bleus le Kabyle dégage le cran de sûreté de son colt 11,43. Il se place à l'angle de l'escalier et de la rampe qui montent vers la poste. Il allume une Bastos — les Européens aiment bien les Arabes qui fument dans la rue depuis que le Front a interdit aux Musulmans l'usage du tabac.

Deux types d'une vingtaine d'années, en bras de chemise, montent l'escalier en bavardant. Omar se penche et tire cinq fois. Les hommes dégringolent les marches. Omar court, il sort de la poche droite de sa veste un morceau de papier qu'il jette derrière lui.

On retrouvera en tout soixante-dix feuilles arrachées à un cahier d'écolier. Au crayon ou à l'encre, en caractères d'imprimerie, les hommes de Mehdi avaient écrit sur le papier à grands carreaux :

FERRADJ ZABANA VOUS ÊTES VENGÉS

Nonosse dépose délicatement le flacon au contenu d'un jaune de miel dans un panier à bouteilles dont les compartiments sont calfeutrés de caoutchouc mousse.

— Quelle cuisine ! Chuis crevé, merde !

Nonosse s'affaisse sur sa chaise, ramasse une serviette éponge qui traîne près de son siège et s'en tamponne le visage. Sa chemise lui colle à la peau, il transpire, dégouline, ruisselle. Le ventilateur brasse vainement l'air chaud en cliquetant. Il se lève brusquement, slalome entre les bacs réfrigérants qui reposent à même le sol et va ouvrir le frigo. Il y prend une canette de Phoenix et avale goulûment la bière fraîche et amère.

— Myriam ! Ça va bientôt être ton tour.

Il entend le glissement de ses pieds nus sur les dalles de faux marbre qui retiennent encore un peu de fraîcheur.

— C'est les grandes eaux de Versailles, explique-t-il, transpirant de plus belle.

— Qu'est-ce que c'est, les grandes eaux de Versailles ?

— Tu peux pas comprendre, c'est pas un truc pour les Arabes.

— Raciste !

Myriam éclate d'un rire léger. Son corps est menu, ses attaches fines ; sa peau claire a apprivoisé le soleil. Ses yeux bleu-vert semblent perpétuellement étonnés. Deux auréoles de sueur assombrissent la rayonne grenat de sa blouse, sous les bras. Ses cheveux blond foncé sont tirés en arrière, à cause de la chaleur, dégageant les oreilles finement dessinées et le cou où l'on voit briller un duvet léger. Elle s'immobilise devant la table de travail.

— Quel désordre !

Des yeux, elle suit le réseau complexe des tubes de verre encerclant les récipients, enveloppant la panse des cornues et des ballons. Elle passe en revue les éprouvettes au garde-à-vous dans leur râtelier devant la flamme bleue du réchaud à gaz qui brûle encore et son regard s'arrête sur le serpentin de l'alambic en cuivre. Puis Myriam regarde enfin la liqueur jaune et huileuse que Nonosse a recueillie prudemment, goutte après goutte, dans la fiole qui repose maintenant avec les cinq autres bien calées dans le panier capitonné de mousse.

— C'est de la magie, grand sorcier blanc !

— C'est plutôt de la cuisine, répond Nonosse avec un sourire. $(C_3H_8No_3)_3$ trinitrate de glycérine, explosif détonnant. De toute façon, sans vous, les Arabes, l'alambic n'existerait pas.

— Nous avons aussi inventé l'alambic ?

— Y a de fortes chances puisque le mot est arabe. Et l'alambic sert surtout à assassiner un grand nombre d'Européens à coup de cyrrhose du foie. Tu sais bien pourquoi le Front interdit la consommation de l'alcool.

— J'aime bien la liqueur de myrthe.

— Tu es une mauvaise musulmane, Myriam.

— J'aime la liqueur de myrthe, et la chimie ressemble à la magie.

— Tu confonds avec l'alchimie.

— C'est pareil. Il y a beaucoup de mystères dans la chimie : action, réaction, élambication, évaporation, solidification, abracadabra, cric crac !

— Je croyais que c'était d'une licence de lettres qu'on t'avait décorée, à l'université.

Ils éclatèrent de rire.

— A toi de jouer, Myriam, les femmes sont bonnes pour la lessive, tu vas laver la nitro.

Nonosse et l'Ingénieur avaient tâtonné longtemps avant de mettre au point un système relativement sûr qui permette de fixer la nitroglycérine dans un pain d'argile. Après avoir fait sauter le premier laboratoire, ils avaient plusieurs fois frôlé l'accident dans la nouvelle villa.

— Les pains sont prêts.

Myriam les enveloppait négligemment dans du papier huilé.

— Dépose-les près de l'évier, bien au frais. Attention ! fragile — objet d'art !

Nonosse imitait la voix d'Arletty dans *Les Enfants du paradis,* c'était rituel, à la fin de chaque séance, et Myriam riait aux larmes.

Au rez-de-chaussée de la villa, il faisait plus frais. Les volets mi-clos protégeaient du soleil et laissaient pénétrer l'air qui circulait entre les fenêtres ouvertes. Nonosse s'était étendu sur le divan bas. Myriam s'assit dans le fauteuil à bascule, devant la porte-fenêtre qui ouvrait sur le balcon.

— Tout à l'heure, je vais faire du thé glacé avec de la menthe.

— Pourquoi remettre à plus tard ce qu'on peut faire tout de suite ?

— Bon, bon, je n'aurais pas dû parler de thé, je vais le faire maintenant.

Elle se leva et disparut en direction de la vraie cuisine. Elle en revint portant une carafe de thé qu'elle déposa sur le plateau de cuivre de la table basse, près du divan. Nonosse, qui s'assoupissait, fut réveillé par le tintement des glaçons qui heurtaient le verre du récipient.

— Merci, ma sœur, dit-il en se redressant et en effleurant affectueusement l'épaule de Myriam.

Elle le dévisagea longuement, le visage devenu grave.

— Pourquoi travailles-tu avec nous ?

Nonosse alluma une Bastos avec son briquet à essence. Myriam restait attentive.

— Tu sais, commença-t-il, j'étais pas très chaud pour venir ici, j'ai manifesté, je me suis bagarré, il a fallu me traîner de force. J'ai l'impression que le peuple français nous a laissés tomber. Le gouvernement nous a expédiés ici au moment des vacances, c'est toujours pendant les congés payés qu'ils font leurs mauvais coups, les augmentations du gaz, de l'électricité, des cigarettes. Cette année-là, ce fut le rappel des disponibles. Je ne savais pas vraiment ce qui m'attendait ici. Je ne voulais pas y aller et puis c'est marre. Je trouvais cette guerre imbécile, absurde ?

— Tu ne la trouvais pas injuste ? demanda Myriam.

— Je ne me posais pas la question comme ça. Je me plaçais sur un plan plus individuel. C'était une guerre qui me dérangeait, je ne me sentais pas concerné. Tu sais, en France, personne ne parlait de guerre. On évoquait la protection nécessaire des Européens, des opérations de police contre des bandes d'indigènes fanatisés, manipulés depuis l'étranger. J'ai pas tardé à comprendre. Dès mon arrivée, j'ai été précipité dans un vrai cauchemar. J'ai découvert qu'on torturait, dans mon unité. Ça m'a foutu en l'air. J'étais naïf, je croyais qu'il n'y avait que les nazis, les staliniens et les dictateurs folkloriques d'Amérique latine pour faire des saloperies pareilles. La torture, ça m'a complètement coupé de ma propre communauté.

Les exactions, les massacres de civils baptisés « rebelles »... les villages détruits au mortier et cramés au napalm... c'était pas supportable. Je devenais fou ! Je ne savais pas comment me tirer de ce piège. Dans l'armée française, un général choqué par ce genre de guerre peut donner sa démission, un soldat, pour se sortir de là, n'a le choix qu'entre déserter et se pendre. J'ai déserté !

— Que tu aies déserté, je le savais et je le comprends. Mais que tu aies rejoint nos rangs...

— Écoute, en désertant, j'ai fait la même chose que toi quand tu as quitté l'université et ta famille à l'appel du Front : j'ai agi. C'était la première fois de ma vie que j'agissais. Dans nos sociétés, on demande aux gens de ne pas agir. Tu comprends ? Tu n'aurais pas voulu qu'après ça je prenne des vacances jusqu'à la fin de la guerre !

Myriam demanda :

— Mais tu tirerais sur des soldats français ?

— Quand j'ai quitté mon unité, j'ai dû marcher pendant une semaine dans la montagne avec deux boîtes de ration et mon PM. Au début, les villageois que je croisais m'ignoraient, ils ne comprenaient pas ma présence. Et puis mon chef de bataillon a mis un commando de chasse à mes trousses. Quand les

paysans ont appris que les soldats cherchaient un
déserteur, ils m'ont hébergé au risque de leur vie, ils
ont partagé avec moi les galettes de blé dur et le lait
caillé. Quand je reprenais la route, j'avais toujours
quelques figues sèches et du pain dans mes poches. Ils
m'ont conduit ainsi, m'abritant, me nourrissant et me
protégeant jusqu'à Si Ahmed. C'est là que j'ai appris
qu'il y a des choses plus fortes que l'appartenance à
une communauté qu'on n'a pas choisie. On naît
français, chinois, polonais par accident, ça suffit à
influencer nos goûts culinaires, mais c'est tout. Les
villageois m'ont fait comprendre le sens des mots :
solidarité et fraternité. Quand j'ai rencontré Si
Ahmed, je lui ai demandé de m'incorporer dans une
colonne de moudjahidines. Il a refusé et m'a dit : « Tu
n'aimerais pas savoir que tu as tué un de tes anciens
camarades. » Je me rappelle son regard quand il m'a
dit que je serais plus utile ici. Il m'a appris qu'il y avait
un seul spécialiste pour la fabrication des explosifs et il
m'a dit : « La guérilla a besoin de bombes pour
compenser son manque d'armes lourdes, je ne fais pas
la guerre aux femmes, aux enfants, aux vieillards, moi.
Pars tranquille, tes bombes seront utilisées seulement
contre des objectifs militaires. » Dans mon enfance,
j'ai été élevé dans l'admiration de ceux qui luttaient
contre les nazis dans la France occupée, ceux qu'on
appelait les « résistants ». Ici, je sais à présent de
quel côté se trouvent les résistants. J'ai choisi mon
camp.

Myriam regarda longuement Nonosse. La couleur de ses yeux s'était faite plus dense. Elle lui posa la main sur le bras.

— Et si tu es pris ?

— J'irai en prison. Ils ne peuvent même pas me fusiller pour désertion en temps de guerre, puisqu'il n'y a pas de guerre ici, rien que des « opérations de police »...

— Ils te tortureront.

— Je sais. J'y ai pensé... je ne sais pas si je tiendrai le coup.

— Moi, j'en tuerai le plus possible et, après, je me suiciderai. Ils ne m'auront pas vivante.

Le visage de Myriam s'était assombri, ses yeux brillaient. Il y avait dans sa voix une grande détermination mêlée de fanatisme.

Nonosse voulut se lever pour cacher son trouble. Il avait senti ses yeux s'embuer de larmes. Mais Myriam lui saisit la main et la pressa très fort. Le fixant de ses yeux bleu-vert, elle lui dit :

— Ne bouge pas, j'ai un cadeau pour toi.

Elle se leva avec souplesse et disparut dans la pièce voisine. Quand elle revint, elle tenait entre les mains de forts volumes reliés qu'elle lui tendit en souriant.

— C'est pour toi. Des livres qui parlent des Arabes. Ils ont été écrits au Xe siècle. Ils m'ont fait rêver pendant toute mon adolescence.

112

Nonosse caressa le cuir usé des reliures. Les arabesques dorées de la couverture avaient presque disparu...

C'était une des premières éditions complètes des *Mille et une nuits*.

Onze heures du soir. Le parc de stationnement de la villa affiche complet. 203 Peugeot, 11 et 15 CV Citroën, jeeps et aussi quelques grosses américaines flanquées de leurs chauffeurs et des ordonnances qui fument paresseusement des cigarettes en attendant le bon plaisir de leurs maîtres. En bas du perron, deux anciens catcheurs, mi-zouaves, mi-eunuques, dans leur pantalon bouffant, ouvrent et ferment les portières des autos, lancent des regards du genre « à vot' bon cœur M'sieurs-dames » et exhibent leurs avant-bras tatoués.

La façade de la villa, c'est la Madeleine en réduction mais la musique qui accueille les nouveaux arrivants tient plus du cha-cha bien rythmé que du clavier bien tempéré. Pourtant, l'inscription en lettres gothiques qui orne le fronton proclame :

MA JOIE DEMEURE

Passé la porte, un couloir tapissé de papier bleu gaufré s'enfonce vers les vagabondages très spéciaux que semblent promettre le sourire et la tenue de la soubrette.

— Au fond de la galerie, vous connaissez, M. le Commissaire.

Sur son ventre bronzé, entre ses longues jambes, se balance la partie centrale d'une ceinture de chasteté en satin jaune bordée de dentelle noire. L'ouverture de la serrure est assez généreuse pour permettre d'apercevoir le pubis rasé, le renflement du sexe gonflé comme un abricot mûr.

Au fond du corridor, entre un Romain et une Romaine de plâtre, à poil sur leur stèle bien éclairée dans leur niche, deux hommes bruns, sanglés dans des smokings de croupier de casino municipal, jouent les ouvreuses et les physionomistes devant le rideau de velours cramoisi qu'ils entrouvrent de temps à autre comme pour s'assurer que le lait qui chauffe sur le réchaud ne déborde pas dans la cuisine.

— Bonsoir Monsieur Mollard ! lance le duo des ouvreuses.

Le commissaire est introduit dans la rotonde qu'éclaire une rampe circulaire digne d'un théâtre en rond. Sur la scène, on peut dire que le public participe vraiment. Le champagne pétille, les verres tintent, les rires fusent et les bravos crépitent.

Dans un tourbillon de dentelles et de franfreluches, Mme Germaine se précipite à la rencontre du patron de la brigade mondaine, laissant seul, un verre de scotch à la main, un colonel congestionné.

— Ronron ! Mon p'tit Ronron !

Mme Germaine embrasse bruyamment Mollard.

Le commissaire n'apprécie guère qu'elle l'interpelle ainsi en public. Lui ne l'appelle jamais Maimaine devant des tiers.

Ici, pas de bougnoules, il y a bien quelques juifs, mais c'est pas pareil. Il est chez lui, c'est propre : déformation professionnelle, il flaire les serviettes, scrute les bidets, renifle les chiottes. Le commissaire aime Maimaine et son boxon.

Le matin, il jette ses clients à bas du lit, fouille les poches, furète dans les tiroirs, tripote les dessous, farfouille dans les poubelles. Bref, il fait son métier. C'est son job, ça le fait reluire. Il les écoute, il reconnaît leur voix à tous. Les jacasseurs, les ragoteux destructeurs.

Ils se racontent, se répandent. Il connaît les rhumatisants, les vasouillards du cœur, les chancreux, les blénnorragiques, les élus du tréponème. Il connaît jusqu'à la date des règles de Mme Gomez et de ses copines.

Ils causent pour lui qui note, fait des fiches, traque l'intime conviction. Il est leur mémoire clandestine. Leur confesseur en loucedé. Oh ! bien sûr, il ne peut rien contre le fric, le pognon. Un flic n'est pas toujours un mendigot qu'on amuse avec des gourmettes en or et autre menue quincaillerie. Il faut savoir l'éclairer à pic, quand il a besoin d'une nouvelle tire, quand il faut refaire en romaines le toit de sa ruine, quand il est

116

question de banquer les études à la petite dernière.

Alors le blé, la braise, l'artiche, il protège, Mollard, il soutient, il aime, il respecte. Il est le rival de Germaine. Tout le monde tapine pour lui. Il surveille, il punit, il interpelle. « Hep, là-bas, vos papiers. — Moi, M'sieur ? — Profession ? — Salarié ! — C'est bien, continuez. Et... traînez pas en ch'min, hein, vous risqueriez d'être en r'tard au turbin ! »

Il drague lentement dans la ville. Esgourde ses indics, relève ses compteurs.

Huit heures, devant l'usine.

— Ça boume, pas le moindre piquet de grève. Ils sont au turf, ça baigne...

De temps en temps, pour les doper un peu, je lâche quelques loups dans la ville, des flingues plein les fouilles. Je regarde ailleurs. Un peu de désordre c'est bon pour rétablir l'ordre. Un peu d'émeute, ça permet de cogner au nom de la liberté. Juste ce qu'il faut pour que les journaleux-policiers trempent leur plume dans le raisiné. Et ça y est, c'est parti. Du flic, ils en redemandent, du cogne, du poulet, du bourre, du mannequin, du roussin, de la vache, du flic, du flic, du flic...

Avec l'ouvrier, pas de problème, il râle, il rouspète, il gueule. Mais son idéal c'est la sécu — sécurité sociale et pinardière. Le bourgeois qui l'a fait naître insécure partage son credo : LA SÉCURITÉ. L'ouvrier aussi il veut du flic, il l'aime, il m'aime. Quand il vote, il vote pour moi. Chuis l'État dans l'État. C'est pas le

prolo qui tombera dans la bougnoulerie, lui, pas
comme ces intellectuels. Y a pas plus con que l'intel-
lectuel français, pas plus pressé quand il est question
de trahir sa race, d'aller dans le sens aux bougnoules.
Y z'auraient une patrie, une culture, y s'raient
humains quoi — des mecs qui s'accroupissent pour
pisser comme les gonzesses !

Et ça, Mollard, il supporte pas. C'est pour ça qu'il
est là, d'ailleurs, à faire des heures supplémentaires.

« Le peuple, il est un peu femelle, qu'il pense,
Mollard, il a besoin d'un julot. » Mollard, c'est tout à
la fois le mac de la République et la dame pipi de la
Démocratie.

— Et alors, mon Ronron, t'es tout pensif ? s'en-
quiert affectueusement Germaine.

— C'est bourré ! répond le commissaire, laconique.

— Ça, tu peux le dire ! Les filles ne chôment pas.
Avec les événements... Ça leur donne une fringale de
cul... Au fait, tes amis t'attendent chez Arlette, mon
Ronron.

Des clients reconnaissent Mollard et le saluent,
d'autres, ayant déjà fait leur choix, lui tapent amica-
lement sur l'épaule et quittent la scène, côté cour ou
côté jardin, dans le sillage d'une jeune beauté qui
s'éloigne d'une démarche très professionnelle en
direction des salons et des chambres dont les portes
bordent les deux couloirs qui partent de la rotonde, à
droite et à gauche.

Toutes les virilités de la ville sont là. Le général Gourdon, qu'on rencontre le dimanche à la messe, une brochette de militaires bardés de décorations, des hauts fonctionnaires, le chef de cabinet d'Eugène Pittesard, M. Gomez, roi de l'import-export, trois correspondants de guerre aussi imbibés qu'objectifs qui savent où se trouve le champ de bataille. Ronron distribue des saluts, des congratulations, des promesses, des assurances.

— Mollard ! On n'attendait plus que toi, je t'enlève.

Le colonel Castagne, un colosse à la nuque rasée, enveloppe le commissaire de son bras musclé. Il est en forme, le colonel, tous les matins, il galope sur sept kilomètres. Il n'aime pas les civils dont il pense « ce sont des frigides de la vie, au ventre mou ». Il méprise les flics, ces planqués. Lui, Castagne, il aime la guerre et son désordre, le pouvoir qu'il a d'organiser l'une et l'autre.

La chaleur qui règne dans la rotonde, la promiscuité des hommes et des femmes lui rappellent le mystère des bains maures, quand il tente de percer le secret des corps, saisissant le détour d'un geste, le muscle prêt à bondir. « Je préfère les jolies fesses des mecs. » C'est en Indochine que le colonel a découvert qu'il aimait les garçons. Il avait été fait prisonnier par les Viets qui s'étaient ingéniés à lui gâcher son séjour. « Des petits trous du cul, prétentieux, raisonneurs et racistes. » Ils l'avaient humilié mais leurs bavardages n'étaient pas totalement dénués de bon sens : « Dans une guerre révolutionnaire, la population, c'est l'enjeu, celui qui la gagne gagne la guerre. » Ici, il fallait avant tout s'assurer la maîtrise des Européens puis, après, contraindre les bougnoules. Pour ce faire, tous les moyens étaient bons. « Le problème n'est pas de savoir qui a raison, mais qui est le plus fort. » Blessé, prisonnier, vaincu, il s'était fait une promesse : « Jamais plus je ne perdrai la guerre ! »

Il songeait à ces officiers avachis, affamés de gloire sans risque, de médailles avec garantie de retour en bon état, le regard embué fixant l'horizon de la retraite comme le paysan les yeux du bouillon, partisan de la violence et du sacrifice — pour les autres. Il saurait les contraindre à se secouer en leur plaçant un pétard sous le cul. Il allait faire sortir les bougnoules de leur tanière et les précipiter dans la guerre.

Le colonel Castagne pousse Mollard en direction du salon d'Arlette, côté cour. Il pense qu'il aime les bordels parce que les putes, qui sont de vraies femmes, sont encore sensibles au prestige de l'uniforme. Mme Germaine ouvre la marche, bousculant ses filles et les militaires qui cha-cha-chatent en comptant les pas à haute voix — Un — deux, un — deux — trois...

Dans les haut-parleurs, ça syncope dur, la basse rassurante fleurte avec la batterie. Puis ça éclate : Beni Moré à la trompette... il s'interrompt, hoche du chef, se dégourdit les doigts, gonfle les joues comme deux baudruches, et c'est parti ! Il ferme les yeux… il boit du baccardi, fume des havanes… Henry Clay. La cadence le possède… il joue pour les putains de toutes les couleurs, pour les tantes et les folles de Marianao à la Havane.

Chez les filles, les natures solides ondulent, vibrent, se déhanchent et transpirent. Beni joue pour elles.

— C'est c'que j'préfère, moi, le typique. Ça, c'est du typique !

— Et toi, qu'est-ce que t'en penses, la nouvelle ?

— Moi, tu vois, c'est Dario Moreno, quand y chante, ce mec, ch'peux danser avec n'importe quelles grolles, chens pus mes panards.

Les paresseuses s'affalent sur la banquette, jupe troussée, cuisses ouvertes sur des paysages de chair, de bas noirs, de jarretelles rouges et bleues, de culottes blanches frangées de dentelle. Elles fixent désespérément le jet d'eau maigrichon qui pissote au centre de la maison de tolérance la plus chère et la plus officielle de la ville.

Champ ! Scotch ! Anis ! Ces messieurs-dames chipotent la kémia que présentent sur des plateaux de cuivre ouvragé de jeunes éphèbes noirs au corps huilé et parfumé. Les filles de Mme Germaine papotent comme dans un coquetèle d'ambassade. Cancans, froufrous et pieds endoloris.

— Tiens, v'là Ronron avec la patronne et l'colonel !

— C'est qui, Ronron ?

— L'patron d'la mondaine.

— J'le verrais plutôt mac, çui-là.

— Y partouzent tous les trois ? Pourquoi « Ron-ron » ?

Les filles éclatent de rire et miment un sommeil profond.

— On voit bien qu't'es pas encore au parfum, la nouvelle ! C'mec-là, c'est un dormeur !

Toujours précédés de Germaine, les deux hommes longent la galerie côté cour. La mère maquerelle ouvre la porte du salon. On les accueille bruyamment.

— Salut les hommes !

— Alors, on s'fait désirer ?

— C'est Castagne qui se fait désirer, avec son macaron tout neuf !

Impeccable dans son uniforme de sortie, le colonel qui n'aime pas les pieds-noirs et leur faconde sourit de toutes ses dents. Il sait que Philippe Guillourd, import-export, vieille famille pétainiste, gendre du directeur du journal local, fait courir le bruit qu'il a obtenu sa cravate de grand officier de la légion d'honneur grâce à *Paris-Match*.

— C'est une vanne ou j'm'y connais pas, mon colonel. Il est mauvaise langue, Guillourd ! Y m'a dit comme ça, sauf vot' respect, que l'jour où l'photographe il a pris le cliché de votre blessure à la main, vous vous étiez coupé l'doigt avec votre Opinel en cassant la croûte, ma parole !

C'est José, tenancier de bistro et de maison close, interdit de séjour en métropole, qui a mangé le morceau. Il n'aime pas la morgue des militaires qui sont incapables d'en finir avec les bougnoules.

Les trois hommes vautrés sur les coussins pouffent de rire. Castagne sourit, il a besoin d'eux. Le jour où il le pourra, il leur fera un enfant dans le dos. Il y a des jours où il comprend les Arabes.

Un peu raide dans son costume croisé bleu pétrole dont le revers droit s'égaye de la tache rouge d'une rosette, le commissaire intervient. Il en sait assez long sur cette équipe de notables pour les faire tous boucler, mais lui aussi a besoin d'eux. D'un ton ferme, il lance :

— Messieurs, messieurs ! Assez déconné ! On n'est pas là pour s'amuser. J'ai une communication importante à vous faire concernant les événements... Le colonel ici présent n'est pas venu à titre personnel, ce soir ! Il est ici pour nous aider concrètement dans nos projets, il représente... en quelque sorte... l'armée française.

Ils applaudissent le colonel et l'armée française. M. José s'est dressé sur ses jambes courtes et puissantes, le ventre en avant, drapé dans un pantalon de gabardine beige qui monte presque sous la poitrine, accroché à des bretelles bleu de France, mais que soutient aussi un ceinturon de cuir jaune, en cas de défaillance de ces dernières.

— Allez, Mesdames, laissez-nous entre hommes, on a du travail.

Les cinq hommes tirent les bergères en faux Louis XV et prennent place autour de la table chinoise garnie de bouteilles. Sur un plateau, des verres et un seau à glace. José, se tournant vers Philippe Guillourd, Fifi pour les dames, demande :

— Allez, montre… montre-leur le tract.

De la poche de poitrine de la saharienne marron qui moule ses pectoraux, Guillourd tire une feuille de papier 10 × 18 qu'il tend au commissaire.

Mollard ajuste ses lunettes. Il lit en acquiesçant de la tête.

— Tu peux lire à haute voix pour le colonel, il n'a pas assisté à la dernière réunion.

Le commissaire se râcle la gorge et commence d'une voix ferme :

« La République est une et indivisible. Hier l'Indochine, la Tunisie, le Maroc.

Aujourd'hui l'Algérie.

Demain la Corse !

L'Algérie ne sera pas bradée par les couilles Mollet qui nous gouvernent, incapables d'assurer la SÉCURITÉ des biens et des personnes sur le territoire national.

Halte à l'abandon !

L'Algérie restera FRANÇAISE.

Les assassins crypto-communistes du FRONT ont

frappé aveuglément dans nos rues nos fils et nos compagnes. Nous ne tendrons pas l'autre joue. A la terreur nous répondrons par la terreur. Pour un Européen tué, un pâté de maisons de la Casbah sautera.

VIVE L'ALGÉRIE FRANÇAISE !

Comité Anti-Abandon des Cent
Coordination. »

— C'est bien… c'est bien… mais… je ne reconnais pas ton style, Guillourd, remarque en souriant le colonel.

— C'est Querrioux, mon colonel, il arrive de la Mitidja.

L'homme ainsi désigné se lève. Le colonel lui serre longuement la main et l'examine.

Beau gosse, la quarantaine, le cheveux poivre et sel, il porte avec élégance un costume de lin blanc. Ses gestes sont ceux d'un sportif et d'un homme de plein air. « Un homme à femmes », songe mélancoliquement le colonel.

— C'est bien, c'est très bien.

Formaliste, M. José reprend la présentation :

— Christian a des propriétés par là-bas.

Le commissaire sourit tandis que Guillourd ricane carrément. Agacé, José reprend :

— Bon, bon, disons que c'est un des plus gros propriétaires du coin. En plus, on peut dire que Christian Querrioux, chez nous autres, c'est l'alfa.

Mais, l'important, c'est qu'il a complètement noyauté les unités territoriales, il peut facilement nous approvisionner en armes et en munitions.

Christian Querrioux acquiesce et s'explique :

— Mon colonel, mes ancêtres n'ont pas assaini cette région en asséchant les marais et en défrichant cette putain de terre pour la laisser gâcher par des melons bolcheviques ! Le *djihad,* la guerre sainte ! On va leur montrer qui encule, ici, la croix ou le croissant !

— Tu l'as dit, Cri-cri ! C'est pas ces pédés d'intellectuels de France-Zob qui vont nous apprendre comment y faut traiter les crouilles. Des gens qui coupent les couilles... c'est pas des hommes, mon zob !

Pour ne pas être en reste, Guillourd se met au diapason :

— Mes gars à moi, ceux du « clube » Charles Martel, ils en ont marre de se faire baver sur les claouis ! Il est temps ! Y a qu'à montrer à ces biques et aux enviandés de la métropole qu'on en a ! Et, pour ça, faut leur rentrer d'dans ! Y a qu'à leur mettre la grosse tête, leur péter la gueule ! L'olive, au lieu d'attendre qu'y nous la mettent, y a qu'à la leur enfoncer bien profond !

José, qui n'a pas pu finir son numéro, tape sur la table, faisant vibrer les bouteilles, et apostrophe Guillourd :

— Oh ! oh ! oh ! Fifi, dis... Y a qu'à, y a qu'à, y a

qu'à... Y a des mois que tu nous la chantes, celle-là. Ton clube, qu'est-ce qu'il a fait, ton clube ? D'la tchatche, ouais ! Il est même pas capable de nous trouver des explosifs.

Le commissaire consulte sa montre-bracelet. Son regard croise celui du colonel, il intervient :

— Messieurs, messieurs... mes amis. Écoutez-moi, j'ai une communication à vous faire !

Le silence s'installe dans le salon d'Arlette.

— Nous allons passer à l'action. Il nous fallait l'appui de l'armée, le colonel nous l'apporte. A toi, Castagne.

— J'ai parlé avec mes amis. Ils sont d'accord sur les grandes lignes de votre action telles que vous me les aviez exposées et telles que je les retrouve aujourd'hui dans votre ordre du jour et votre tract. Nous sommes des soldats, nous ne faisons pas de politique. Nous voulons garder notre Algérie française et, pour ça, nous serons à vos côtés contre ces cochons de politicards. Ils céderont ou nous les chasserons.

Querrioux, enthousiaste, se lève pour serrer chaleureusement la main du colonel en s'exclamant :

— Merci ! Merci ! Au nom de la coordination du CAAC, merci !

Il se rassied, visiblement ému.

Et le colonel conclut :

— Je passe la parole au commissaire Mollard.

— En liaison avec mon collègue de la DST, l'inspecteur Sufrère, un métropolitain qui a viré sa cuti, nous avons observé, en épluchant les interrogatoires des derniers terroristes appréhendés que tous avaient un point commun : ils habitaient la Casbah, et tous le même quartier, la rue des Bouchers et ses environs. Nous avons l'intime conviction de nous trouver là en face d'une véritable pépinière de terroristes. Nous ne sommes pas des amateurs, nous allons frapper un grand coup, il nous faut nettoyer tout ça, Messieurs ! Il faut que ça saigne !

— Nettoyer, d'accord ! Mais avec quoi ?

— Castagne nous apporte son appui logistique. N'oubliez pas, Messieurs, nous sommes la vraie France ! Au travail !

Il fallait une voiture et quatre hommes, la coordination du CAAC au grand complet se porta volontaire. Les détails pratiques furent expédiés avec compétence et efficacité. Mollard leur remettrait le plastic et le système d'allumage un peu avant le couvre-feu. Le rendez-vous fut pris pour onze heures trente du soir, le lendemain. La bombe devait exploser quarante-cinq minutes plus tard.

— Bon, il est tard, remarque le colonel.

— On va pas s'quitter comme ça, mon colonel, si on cassait une petite croûte, propose José. J'appelle les filles et on fête ça entre nous.

José appuie sur la sonnette et va se vautrer parmi les coussins. Les autres se lèvent, s'étirent et vont s'installer confortablement près de lui.

L'arrivée des femmes, accompagnées des deux

éphèbes portant les victuailles, est saluée bruyamment par les cinq hommes. José a bien fait les choses. Les serveurs parfumés et manucurés déposent avec grâce des amandes, des pistaches, des dattes fourrées, des fruits frais et des pâtisseries de toutes les couleurs, à côté du thé à la menthe et de l'alcool de figue sur la table. Ils servent le thé en grande cérémonie. La pièce, éclairée a giorno, est un véritable poste de commandement dont le fonctionnement et la disposition sont fondés sur le même principe que ceux de la rotonde : deux chambres avec salle de bains ouvrent de part et d'autre du salon. L'image des occupants se reflète au plafond dans le grand miroir encerclé d'un fouillis de feuilles d'acanthe en bois doré. Dans les angles, des miroirs grossissants permettent les gros plans sur telle ou telle partie du corps des clients vautrés sur les coussins.

Mme Germaine préside aux réjouissances. Elle ne se voit pas vieillir dans les yeux cernés de ses filles qui s'activent. Arlette stimule la soif et les appétits des hommes, l'électrophone débite une musique andalouse. Ronron ronronne et appelle « Maimaine ». José, lui, ronchonne. Quant à Cri-cri et Fifi, ils s'observent, comparent, règlent l'un sur l'autre leur cadence en surveillant la marche des choses dans les miroirs d'angle, si commodes. Castagne raconte sa blessure aux éphèbes qui lui massent doucement les pieds. Le salon d'Arlette remplit son office, festons et guirlandes.

Du perron de la villa, on aperçoit la ville avec ses lumières qui clignotent dans la nuit. Sur les quais du port qu'éclairent de puissants projecteurs, les grues fouillent de leur bras le ventre des navires et débarquent les jeeps, les half-tracks, les 75 sans recul ; les élévateurs vont et viennent, déchargeant les caisses de mortiers, les obus, les grenades, les fusils et les cartouches. Les débardeurs s'activent, entassent, bâchent et emmagasinent de quoi pacifier mille djebels.

Minuit trente, rue des Bouchers, l'explosion réveille la ville turque. La puissance de la charge de plastic pulvérise les voûtes de soutènement entre les immeubles qui s'effondrent comme un jeu de cubes, dans un nuage dense et opaque chargé de débris de toutes sortes. La fumée stagne, masquant l'énorme cratère d'où montent quelques gémissements lointains. Un, deux étages, les maisons englouties digèrent leurs habitants qui dormaient paisiblement, quelques instants encore auparavant. Les lamentations des femmes s'élèvent du quartier et planent sur la vieille ville toute entière, annonçant le désastre.

Quand le jour se lève sur la rue des Bouchers, soixante-dix cadavres s'alignent ou s'entassent : des débris de femmes, d'enfants, de vieillards, d'hommes d'âge mûr comme de bébés de quelques mois. Les pompiers enferment les lambeaux dans des sacs qu'ils chargent sur les bâts des mulets qui, d'ordinaire, servent à transporter les ordures ménagères hors de la Casbah. Le convoi funèbre se fraye un chemin parmi les femmes voilées qui bloquent les ruelles étroites encombrées de tas d'ordures abandonnés. Au passage de la caravane macabre, les femmes hurlent en touchant du plat de la main les sacs où sont enfermés les corps éclatés de leurs parents, de leurs amis ou de leurs voisins que les mulets fatigués portent vers la fosse commune.

Myriam trébucha, elle n'avait pas l'habitude de marcher ainsi perchée sur ces souliers à talon haut. « Des chaussures de putain », pensa-t-elle. Drapée dans un haïk blanc, le bas du visage masqué par le litsam, elle se rendait chez Kader le cordonnier, au rendez-vous que lui avait fixé Omar Z'yeux Bleus le Kabyle. Elle se tordit la cheville droite et constata que le talon du soulier s'était coincé entre les marches disjointes de l'escalier qui menait au passage étroit et sombre dans lequel ouvrait l'échoppe de l'artisan. Elle consulta la montre que son père lui avait offerte l'année précédente quand elle avait décroché sa licence de lettres.

Quinze heures cinquante-cinq.

Elle était en avance. Elle passa devant la petite boutique, le bruit de ses talons résonnait dans la ruelle humide, elle poursuivit son chemin, marchant lente-ment, découvrant les façades lépreuses des maisons carrées encastrées entre des voûtes, disposées à la manière d'un jeu de cubes aux couleurs passées, blanc, bleu, rose, tout le long d'un vrai labyrinthe. Les balcons étroits, fermés par un lacis de bois ouvragé, formaient avant-corps devant les fenêtres, comme des yeux exorbités posés sur les murs lézardés et couverts de salpêtre des maisons. Il régnait là une odeur fade d'humidité, mêlée à des relents d'urine et d'ordures qui la prenait à la gorge.

Elle retourna sur ses pas, marchant précautionneusement pour amortir le bruit que produisaient ses talons sur les dalles de pierre sales et luisantes.

Seize heures.

Elle pénétra dans l'échoppe, descendit les marches usées qui conduisaient jusqu'à la cave voûtée où Kader le cordonnier avait son atelier. Quand ses yeux se furent accoutumés à la pénombre, elle découvrit un grand désordre de cuirs bruts et vernis, de caoutchouc, de bois, de toile et des grappes de chaussures informes, reliées entre elles par un lacet et suspendues à la voûte.

— Bonjour, je viens chercher les sandales de cuir verni de ma tante Djamila.

Kader posa son tranchet sur le sol près de la pièce de cuir qu'il était en train de découper et, abandonnant la forme de fonte qu'il serrait entre ses cuisses, se leva en frottant d'un geste machinal ses mains tachées de teinture sur son tablier. C'était un petit homme sec et barbu. Il s'inclina et dit à la jeune fille :

— Dieu est grand.

Il examinait les escarpins vernis de Myriam en connaisseur.

D'un geste rapide, il écarta la couverture de laine kabyle qui masquait le mur du fond.

— Les frères t'attendent. Dieu t'accompagne.

Une seule volée de marches menait au premier niveau de la maison. Myriam ôta ses souliers, qu'elle glissa dans son sac de plage, pour gravir allégrement les degrés de l'échelle de meunier qui se dressait face aux fourneaux décorés de carreaux de faïence bleue. Soulevant la trappe, elle se hissa sur la terrasse, se faufilant entre les draps qui séchaient au soleil. Poussant une porte de bois peinte en bleu et surmontée d'une main de fatma, elle se retrouva au deuxième niveau de la maison voisine de celle du savetier, dans l'ancienne cuisine commune.

Omar Z'yeux Bleus le Kabyle était debout dans un angle de la pièce, entre l'évier de pierre et la cuve à lessive de terre cuite qui gouttait dans une bassine d'émail blanc.

— Assieds-toi, ma sœur.

Myriam glissa de nouveau ses pieds dans les chaussures à talons et Omar Z'yeux Bleus retira sa veste. Il faisait chaud. Myriam fixait les gouttes de sueur qui perlaient au-dessus de la lèvre bien dessinée du Kabyle aux yeux bleus.

Sous son bras droit pendait la MAT 49, collée à l'épaule à laquelle elle était suspendue par une rondelle de caoutchouc noir. Ancien agent de liaison de

Mehdi Bougie, Myriam savait que c'était une idée à lui de porter ainsi le PM. Un geste rapide et précis suffisait à faire basculer le chargeur pour se retrouver en position de tir. Omar la fixa d'un air grave et dit :

— Alors voilà, aujourd'hui, à dix-huit heures, tu vas déposer une bombe dans un café du centre. Au même moment, d'autres bombes, placées par d'autres militantes, exploseront aux quatre coins de la ville.

C'est la première fois que nous prenons des lieux publics comme objectif. Mais nous n'avons plus le choix. C'est notre seul moyen de nous faire entendre. Cette fois, il faudra bien qu'ils nous prennent au sérieux.

Myriam ignorait le caractère de sa mission. Mehdi lui avait simplement donné le lieu de rendez-vous et la consigne de s'habiller comme une petite bourgeoise européenne. Elle ne devait pas oublier de se munir d'un sac de plage contenant un costume de bain.

D'une voix troublée, elle demanda :

— Dans quel café ?

— La cafétéria qui est en face de la caserne, répondit laconiquement le Kabyle.

— Tu veux dire le glacier qui se trouve sur la place ? Le meilleur glacier de la ville ?

— C'est bien ça, dans la salle de l'Arctic, à six heures du soir.

— Mais, mais… il n'y a jamais de soldats, à cette heure-là…

Myriam sentit sa voix s'étrangler.

Devant son trouble et ses hésitations, Omar décida de lui fournir une explication :

— Et la rue des Bouchers ? Nos enfants, nos femmes, nos hommes... pense à eux ! Nous devons venger nos morts. Notre peuple ne comprendrait pas notre silence. Nous devons agir.

D'un geste un peu théâtral, Myriam se dévoila. Très émue, elle abandonna son haïk blanc et apparut en jupe et en corsage. Omar ne l'avait jamais vue ainsi. Ses cheveux blonds foncés couvraient ses épaules fragiles. Omar se sentit gêné. Ses seins moulés dans un soutien-gorge gonflaient le corsage de rayonne blanche. La jupe mi-longue, évasée, laissait apercevoir les jambes gainées de bas cendrés.

— Ça va, j'ai bien l'air d'une putain ?

— Mais non, ma sœur, mais non. C'est parfait. Tu as suivi les consignes, c'est parfait.

Mais Myriam sentait le regard d'Omar le Kabyle sur son corps et la honte l'envahit. Elle songea au porte-jarretelles blanc qui tenait ses bas. C'était la première fois qu'elle portait un tel attirail. Elle avait l'impression trouble de se rendre à quelque rendez-vous galant. Elle rougit.

Omar Z'yeux Bleus se pencha vers la niche à seau placée sous l'évier de pierre. Il saisit une boîte de bois verni qu'il déposa délicatement sur la table.

— C'est la bombe.

La boîte, du format d'un gros coffret à bijoux, semblait inoffensive. Omar expliqua :

— Les bombes sont à l'intérieur, je placerai le système d'horlogerie au moment voulu. Tu as une heure pour nous rejoindre place Mermoz. Tu reconnaîtras la 2 CV, c'est celle du père de Zohra. Il te conduira, nous nous retrouverons plus tard. Je la réglerai moi-même.

Omar l'embrassa et, avant de quitter la cuisine, lui lança encore :

— Il faut du sang !

Myriam rangea la boîte de bois verni qu'elle avait enveloppée dans une serviette éponge au fond du sac de plage de nylon bleu et blanc. Elle disposa soigneusement par-dessus son maillot de bain, *L'Echo d'Alger* et un flacon d'ambre solaire. Elle laissa encore passer cinq minutes avant de s'engager dans l'escalier qu'avait emprunté Omar et qui donnait sur la rue des Grenades.

La vieille ville turque était prisonnière dans la ville européenne. Les militaires avaient tissé une véritable toile d'araignée tout autour d'elle, accumulant des tonnes et des tonnes de barbelés. Des chevaux de frise bloquaient chacune des ruelles, chacun des passages qui débouchaient sur les boulevards et les avenues de la ville européenne. Seules, quelques ouvertures dans ce dispositif permettaient de sortir du camp retranché qu'était devenue la ville indigène et d'y pénétrer.

Myriam oublia ses hauts talons. Elle trottait dans la

rue, balançant mollement son sac de plage. Elle se dirigeait avec assurance vers la sortie principale. La rue étroite était bouclée à son extrémité par un fouillis de fil de fer barbelé infranchissable. Une baraque de bois protégée de sacs de sable servait de poste de police. A droite, une herse de fer hérissée de pointes acérées et se manœuvrant à la manière d'un pont-levis permettait le passage d'une personne à la fois. Il fallait faire la queue pour entrer ou sortir. Myriam sentit le regard désapprobateur des hommes de sa race sur ses bras nus. Elle attendit son tour en balançant impatiemment son sac.

Les militaires contrôlaient les identités, fouillaient les cabas et les sacs, la file d'attente ne progressait que lentement.

Les yeux de Myriam accrochèrent le regard du caporal. Elle lui sourit, il la détailla sans vergogne, s'attardant sur ses seins, ses cheveux presque blonds.

Il songeait :

« Je me la ferais bien, cette petite bougnoule. »

Il lui rendit sa carte d'identité qu'il avait à peine regardée, elle ouvrit négligemment son sac de plage.

— Je ne fouille jamais les dames... en public, lança-t-il en la dévisageant.

Myriam rougit, le caporal éclata de rire.

— Au suivant !

Un vieux en burnous cracha par terre en grommelant « putain ! »

Le claquement vif des talons de Myriam résonna comme une provocation.

Dix-sept heures trente.
Omar Z'yeux Bleus mit en place le système d'horlogerie et le régla.
— Elle explosera à dix-huit heures trente, dit-il.
Quand il tendit à Myriam le sac bleu et blanc, son visage exprimait une violence qu'elle ne lui connaissait pas. Avec une drôle d'intonation dans la voix, il ajouta :
— C'est la guerre ! Ce soir, il faut que ça saigne !

Dix-huit heures.
La terrasse de l'Arctic était bondée. Dans les arbres, les oiseaux piaillaient. Myriam se fraya difficilement un chemin jusque dans la salle. Pas une table de libre. Elle se dirigea vers le comptoir sur lequel s'alignaient des coupes pleines de glaces de toutes les couleurs. Elle songea un moment à abandonner son sac contre le comptoir.
— Vous cherchez une table, Mademoiselle ?
Myriam sursauta.
Un garçon en veste blanche lui indiquait une table qui venait de se libérer. Des jeunes gens bronzés la dévisageaient avec intérêt. Ils lui souriaient.
Elle commanda un café liégeois que le garçon lui apporta presque aussitôt.
— Je vous paye tout de suite.

Dix-huit heures cinq.

Une petite fille jouait avec une paille, elle soufflait dans son verre. Myriam posa son sac sous la table. Des hommes cherchaient son regard, des enfants couraient entre les tables. Une femme sourit à un homme qui grignotait des gaufrettes. Myriam songea : « L'Arctic, c'est les meilleures glaces de la ville. »

Elle avait envie de fuir, de ne plus entendre cette rumeur joyeuse tout autour d'elle.

Dix-huit heures quinze.

Une jeune et jolie brune heurta sa table en passant. Un peu du café liégeois fut renversé dans la soucoupe.

— Oh ! excusez-moi, Mademoiselle !

Elle lui sourit et se dirigea vers la sortie.

— À ce soir, Marcelle !

La voix venait du fond de la salle. Myriam éprouva une espèce de soulagement en voyant sortir la brune.

« À présent, il faut que je parte », songea-t-elle. Elle se leva et se dirigea vers la terrasse. Le balancement de sa jupe découvrait ses jambes fines.

— Mademoiselle !

Elle ne se retourna pas. C'était un dragueur. Personne n'avait remarqué le sac bleu et blanc oublié sous la table. Elle se rappela la drôle de voix d'Omar quand il avait dit : « C'est la guerre ! Il faut que ça saigne ! »

140

Elle regarda le cadran de sa montre : dix-huit heures vingt-cinq.

Traversant la terrasse bondée, elle s'éloigna rapidement de la place.

Dix-huit heures trente.

Tout explose, tout bascule. Le gigantesque miroir éclate sur toute la longueur du bar et s'effondre, comme une volée de flèches meurtrières les longues échardes de verre se frayent un chemin dans les chairs étonnées. Le souffle balaye la salle, projette les tables et les chaises, les éclats de verre crépitent, hachant les dos et les poitrines. On se piétine, on hurle, on s'écroule en râlant. Le comptoir de zinc est soulevé et se tord comme un serpent, craque et retombe, broyant les bras, des jambes, des têtes. Un énorme nuage monte, noir, rouge, souillé de sang et de bribes de cervelle. Un affreux amas de corps enchevêtrés qui rampent et se tortillent parmi les débris humains. C'est un vrai, un horrible carnage. Les survivants s'enfuient, hagards, hurlants. De l'autre côté de la place, un juke-box s'est mis en marche tout seul et les accents rythmiques d'un mambo couvrent quelques instants les gémissements et les râles.

Des cris de rage et de haine montent de la ville européenne. Les chevaux de frise aux pointes acérées coulissent et basculent, fermant hermétiquement la ville turque. Les piétinés, les écorchés, les raccourcis,

les manchots, les culs-de-jatte, les édentés, les bor-
gnes, les aveugles viennent buter contre les portes de
fer de la prison qu'ils ont eux-mêmes forgées. Le
couvre-feu les frustre d'un juste lynchage. Les Européens accrochent leur vengeance aux barbelés et se
jurent des bains de sang bougnoule avant de rentrer
chez eux. Demain.

C'est la nuit dans la Casbah. Des ombres glissent,
grimpent, se hâtent. Le coin des rues, les ruelles, les
galeries, les passages, les voûtes bruissent de l'écho
sourd des voix. Les ombres s'immobilisent un instant
devant les échoppes, suspendent le claquement sec des
dominos dans les cafés maures, chuchotent au fond
des impasses, se faufilent dans les patios, bondissent
de terrasse en terrasse dans le claquement du linge qui
sèche et flotte sous la lune comme des milliers
d'étendards sur la vieille ville prisonnière. De bouche
à oreille, le fracas des bombes est arrivé jusqu'ici. Le
sang, les blessés, les cadavres, l'horreur — le compte y
est.

— Nous sommes vengés, frères !
— *Shah !* — c'est bien fait !

Nonosse était debout dans le cabinet du médecin. Le Docteur venait de lui apprendre l'attentat de l'Arctic.

— Tu peux pas comprendre. C'est moi qui ai fabriqué cet explosif !

Il se laissa tomber dans le fauteuil de cuir large et profond. Par la fenêtre, il découvrait la ville, le port, le bassin de l'Agha, le Grand Môle, les navires à l'ancre. Il fixa la mer, au-delà, plus loin, la mer d'un bleu dense qui se perdait à l'horizon.

— C'est pas supportable. Ces gosses, ces femmes, je suis responsable, c'est moi qui ai fabriqué ces putains d'explosifs. Des objectifs militaires ! Si Ahmed m'a trompé !

Il demeura prostré. Le Docteur alluma une Bastos qu'il lui tendit en disant :

— Tu ne peux pas poser le problème sur un plan individuel.

— Et tu le poses comment, le problème, toi ?

Arrête tes conneries ! Je suis seul en face de ces morts, de ces gosses mutilés, exactement comme j'étais seul le jour de ma désertion !

Il s'interrompit et dévisagea le Docteur.

— Tu étais au courant ?

Les bras croisés sur son bureau, le Docteur hocha la tête affirmativement.

— C'est dégueulasse !

— J'étais tenu par le secret, Omar m'a contacté hier matin pour me demander de transporter des bombes. Il m'a indiqué l'objectif et j'ai refusé. Je lui ai dit que j'étais d'accord avec les bombes mais pas avec les objectifs.

— Et ça t'a suffi pour apaiser ta conscience ?

— Ne crois pas ça. J'ai discuté, argumenté pendant plus d'une heure. Je me suis placé d'un point de vue politique. Ça n'a servi à rien. La décision était prise, c'était irréversible.

— C'est Mehdi qui a eu cette idée de dingue ?

— Non, l'idée est du responsable politique urbain. Mais l'état-major a donné son feu vert.

— Maklouf ?

— Maklouf.

— Je savais que ce mec était un malade.

— Omar m'a expliqué : après le massacre de la rue des Bouchers, s'ils n'agissaient pas, ils perdaient la confiance de la population.

— Tu veux dire le contrôle.

— Ben oui, c'est ça.

144

— Et alors, quand est-ce qu'on commence à torturer ?

— Calme-toi, ça n'a rien à voir. Tu sais bien que, militairement, nous sommes acculés. Les maquis sont décimés. L'aviation bombarde les zones interdites, ils nous coupent du peuple en déplaçant les populations. Un guérillero sans base humaine, c'est un poisson sans eau.

— Mais enfin, toi qui es d'ici, tu te rends bien compte que cette saloperie ne peut qu'attiser les haines et précipiter la rupture entre les deux communautés. Après ça, il n'y a plus de réconciliation possible, plus d'avenir ensemble.

— Ce sont les arguments que j'ai développés avec Omar. Il m'a répondu qu'il faisait la guerre pour son peuple, et avec son peuple. Il m'a répondu que, de toute façon, les Européens avaient déjà choisi leur camp. Ils ont fait pression pour qu'on guillotine les prisonniers de l'ALN. Il m'a dit aussi qu'ils connaissaient les organisateurs du massacre de la rue des Bouchers : des policiers et des Européens.

— Mais enfin, toi qui te considérais comme Algérien, tu...

Le médecin coupa Nonosse d'une voix lasse :

— Je lui ai dit tout ce que tu lui aurais dit à ma place. Tout. J'ai parlé des victimes innocentes, de la haine, de la réconciliation impossible. Il m'a répondu bombardements, napalm, villageois innocents, torture, massacre de la rue des Bouchers.

Il m'a rappelé qu'on pouvait aussi être musulman et innocent.

— Mais, bon Dieu, tu n'as pas pu le convaincre qu'à agir comme l'oppresseur on devient comme lui !

— Je lui ai dit ça aussi.

— Et alors ?

— Il m'a d'abord rappelé que leur cause est juste, que c'est pas pareil. Et puis, il m'a dit quelque chose qui m'a troublé.

— Quoi donc ?

— A propos des deux communautés, il m'a dit : « Cette rupture obtenue grâce à la terreur, c'est peut-être le premier pas vers la victoire. » ...Tiens, Omar m'a donné un message pour toi.

Nonosse reconnut le « papier à lettre » de Mehdi, les feuilles de cahier à gros carreaux, bordées d'une marge rouge. Mehdi avait écrit en caractères d'imprimerie, comme il faisait pour ses consignes.

JE SAIS CE QUE TU PENSES, MON FRÈRE.

TUER DES INNOCENTS, DES FEMMES, DES ENFANTS ME DÉGOUTE. MAIS SI C'EST NÉCESSAIRE POUR LE TRIOMPHE DE MON PEUPLE JE LE FERAI ENCORE. RAPPELLE-TOI CE QUE DISAIT L'INGÉNIEUR : UNE BOMBE EST PRÉFÉRABLE À UN LONG DISCOURS. À BIENTOT SI DIEU LE VEUT.

La vieille Nora pensait en souriant au jour où Mehdi, caché entre la paillasse et le châlit, avait bien failli se faire prendre par les soldats.

— Il y a pas de fellouzes chez moi, mes enfants, je suis trop vieille pour qu'ils couchent dans mon lit.

Feignant une maladresse, la vieille Nora avait renversé son pot de chambre. Incommodés par l'odeur, les soldats n'avaient pas traîné longtemps dans la pièce. Sa tranquillité de matrone habituée à soigner et à nourrir les hommes, son visage couvert de tatouages comme un masque de guerre — tout cela impressionna les jeunes militaires qui quittèrent en débandade la chambre où stagnait le remugle tenace des excréments.

La vieille Nora n'entretenait plus très bien sa maison, désormais ; il régnait à l'étage un aigre relent d'urine et de sueur. Son obésité la gênait, l'empêchait de s'activer aux tâches du ménage. L'air qui entrait parcimonieusement par le moucharabié donnant sur la ruelle, véritable poubelle du voisinage, ne parvenait pas à chasser les miasmes qu'exhalaient les murs mêmes de la vieille bâtisse rongée de salpêtre.

La vieille versa le lait caillé dans une calebasse, enveloppa d'un torchon à carreaux le pain de semoule sans levain qu'elle venait de cuire et gravit péniblement les marches qui conduisaient à la terrasse.

Ils étaient là, couchés sur des paillasses, enroulés dans des couvertures kaki, serrés les uns contre les autres comme des chiots dans un panier, elle devinait leurs corps enlacés, elle contemplait les longs cils de leurs yeux clos par le sommeil.

— Mes enfants, murmura-t-elle.

La vieille Nora aimait les surprendre ainsi dans leurs rêves. À l'heure où elle pouvait les couver du regard sans pudeur, en laissant déborder tout son amour. Combien en avait-elle aidé, de ces petits, à venir dans ce monde difficile ? Aujourd'hui encore on l'appelait pour les accouchements, surtout quand il y avait des complications. La vieille Nora avait peiné, transpiré, poussé, hurlé, souffert avec l'autre, elle se sentait aussi leur mère. Elle aimait le contact de la chair tiède, le sang sur ses mains, les senteurs pénétrantes qui montaient du ventre de l'accouchée. Elle lavait le petit être fripé qui criait et ne l'abandonnait qu'après l'avoir oint d'huile d'olive.

Combien des corps qu'elle avait caressés étaient aujourd'hui meurtris, saignés à blanc, réduits en charpie ? Ses mains ne pouvaient plus consoler ces chairs froissées, abandonnées à la solitude de la mort. Le temps était venu où ses enfants n'étaient plus que des lambeaux d'enfants dans les décombres des maisons ravagées par les explosions.

La vieille Nora veillait sur le repos de Moktar le boxeur et de sa bande, les enveloppant de tout son amour.

L'odeur du pain chaud tira Moktar, son préféré, du sommeil. Il ouvrit les yeux.

— Salut la mère !

Il se leva, déplia son corps lisse et fit jouer ses muscles avec orgueil. Sous le slip crasseux, son petit sexe faisait saillie. La vieille Nora sourit, fière de cette virilité matinale. Moktar le boxeur lui prit des mains la miche ronde et plate, encore tiède, la rompit et enfourna avec gourmandise une énorme portion.

— Pense à tes frères, mon fils !

Moktar le boxeur répartit les morceaux de pain entre les autres qui se bousculaient maintenant vers la nourriture.

— Tu sais, la mère, cette nuit j'ai rêvé que je volais une banque française !

— Tu m'as gardé ma part ?

— La plus grosse était pour toi.

La vieille Nora éclata d'un rire qui fit vibrer toute sa carcasse, son ventre fut parcouru de tremblements, ses seins énormes se balancèrent, la chair molle qui pendouillait de l'aisselle au coude remua d'avant en arrière. La vieille Nora était devenue un énorme éclat de rire.

— Je t'ai fait une chanson la mère, pour toi toute seule.

— Parce que tu fais des chansons, toi ?

— Tu le sais bien, la mère.

Moktar le boxeur se tourna vers Arezki et les autres qui se délectaient encore de lait caillé, faisant passer la calebasse de mains en mains en un rapide va-et-vient.

— Musique, vous autres !

Les boîtes de conserve, la cuvette, la calebasse — la bande mobilisa instantanément tout ce qui pouvait servir aux percussions.

L'orchestre improvisé joua l'ouverture.

— Assieds-toi, la mère.

La vieille Nora cala avec dignité son triplicata de fesses sur une marche de l'escalier. Frappant dans ses mains, Moktar le boxeur, accompagné par les petits, commença à se déhancher en un ballet lascif. Après ce prologue dansé, d'une voix chaude, ourlée, intime, il se mit à chanter comme s'il avait raconté à la vieille une épopée lointaine, une aventure passée de son peuple ou quelque tragique histoire d'amour impossible. Le chant, profond comme un récitatif, n'était plus accompagné que par les battements rythmés d'Arezki sur le cul de la cuvette qu'il avait saisie entre ses cuisses comme un tambour africain.

150

La guerre des gusses

Cette ville est un cimetière
Ma mère.
Laisse-moi chanter
Laisse-moi chanter l'histoire
De Mouloud l'Élégant.
Il se promène dans son beau costume blanc
Il danse en marchant
Il regarde leurs filles
Il sait qu'il est beau
Mouloud l'Élégant.
Les Européens lui ont tapé sur la gueule
Ils l'ont balancé dans les ordures
Pour salir son costume blanc
Parce qu'il dansait en marchant.
Alors Mouloud s'est relevé
Il s'est souvenu
Qu'il était boxeur
Un direct du gauche
Un crochet du droit
Il les a allongés
Et leur a botté le cul.
Mais la police est arrivée
Ils lui ont fracassé le crâne
A coups de crosse
A coups de bâton
Aïe ma mère
Cette ville est un cimetière.
Ils ont tué Mouloud l'Élégant
Celui qui dansait en marchant

Ils l'ont assassiné dans son beau costume blanc.

La bande mimait la bagarre, Mouloud l'Élégant, la police, les Européens KO, les coups de matraque. Moktar poursuivait sa chanson :

Écoute la mère
Je chante la guerre
Je les brûlerai
Comme ils ont brûlé mon frère
Avec une poêle à frire
Je les ferai souffrir
Je les tuerai
Ceux qui ont brûlé mon frère.
Même s'ils viennent me demander pardon
Je ne les pardonnerai pas.
Je tuerai les soldats français
Je les tuerai
Même les zouaves.
Écoute la mère
Je chante la guerre
Mais je ne brûlerai pas un enfant
Parce que les enfants n'ont rien fait de mal
Aïe ma mère
Cette ville est un cimetière
Et je chante la guerre !

Tandis que la vieille Nora sanglotait dans sa loge improvisée, la bande pouffait de rire et reprenait en chœur :

Je chante la guerre
Vive la guerre !

Moktar s'approcha de la vieille et, essuyant ses larmes, lui caressa le visage.

— Ne pleure pas, la mère. J'ai rêvé que je volais une banque française. Tu auras la plus grosse part.

Dans le ciel, un bourdonnement se précisait — un hélicoptère tournait au-dessus des maisons. Un second apparut, le bruit envahit le ciel entier. Les appareils se posaient sur les terrasses, des hommes en tenue camouflée en sautaient, enfonçaient les portes, pénétraient dans les maisons par surprise. On entendit des cris, les injures des femmes. Le soleil se levait derrière les collines.

Moktar le boxeur songea qu'il faudrait désormais guetter aussi le ciel.

Nonosse est précipité dans la cave par les hommes en civil qui l'ont arrêté. Il ne se relève pas. Sa pommette gauche a éclaté en heurtant une marche, le sang coule dans son cou, s'insinue, poisseux, sous la chemise vers sa poitrine.

— Déshabille-toi !

La voix est calme.

Nonosse tente de se lever, ses jambes ne répondent pas, elles sont lourdes et douloureuses. Il faut qu'il récupère, qu'il gagne du temps. Il aspire et expire lentement, par le nez. Il calme son cœur qui s'affole. Il fixe les rangers noirs bien cirés. Les godasses sont à trente centimètres de son visage. Il attend. Il compte les œillets, quatorze par chaussure. Il suit la ligne sinueuse des lacets jusqu'au rabat de cuir brillant. Son regard s'arrête sur le pli impeccablement dessiné de la tenue de combat vert olive.

— A poil ! qu'il t'a dit, le capitaine.

— Fissa !

La voix est brutale, avec un accent traînant.

— C'est du bougnoule, tu dois comprendre ! Fissa !

Le coup de pied est venu du côté gauche, en pointe, pas trop appuyé, dans les côtes.

— Allez, debout ! Lève-toi !

Nonosse a déployé sa grande carcasse, ses genoux l'élancent, ses jambes le soutiennent difficilement. Il se retrouve debout devant un bureau. L'homme au treillis impeccable est assis sur une chaise, sa main droite joue avec le béret noir des commandos, posé à côté d'une lampe à souder camping-gaz. La pièce est faiblement éclairée par une ampoule nue qui pend misérablement au-dessus de la table de bois. C'est une cave. Dans le dos de Nonosse, des hommes l'observent, leurs ombres s'agitent sur le mur qui lui fait face. Au-dessus d'un lit de camp, dans un coin, il devine un vasistas d'une cinquantaine de centimètres. Contre le mur de gauche, sous le robinet de laiton qui fait saillie, deux brocs à eau en émail blanc ébréchés, un long tuyau de plastique rouge sur lequel est posé un entonnoir d'aluminium.

Le capitaine arbore sur la poitrine son brevet de para et un écusson : une étoile surmontant un flambeau dessiné dans un croissant. A présent, Nonosse sait où il se trouve. Il a reconnu l'insigne des DOP. Il est dans une de leurs prisons secrètes. Derrière la chaise du capitaine, il aperçoit la masse sombre de la génératrice à manivelle avec sa grosse magnéto, plus efficace que le téléphone de campagne.

— On l'déloque, mon capitaine ?

C'est l'ombre à la voix traînante, l'accent du Midi, l'homme au coup de pied pointu.

— Attendez ! Donnons-lui d'abord la possibilité de parler. Les grands moyens seulement en cas de nécessité.

Le capitaine esquisse un sourire. Ses dents sont blanches et bien alignées, la bouche dépourvue de lèvres. Le visage est glabre, rasé de trop près.

— Ton nom ?

— Jean Duvernet.

Nonosse a répondu sans hésitation.

— Pourquoi pas Mouton-Duvernet !

La voix à l'accent parigot connaît la géographie du métropolitain, mais son propriétaire ne peut pas savoir que Nonosse a effectivement choisi son pseudonyme en pensant à la station de métro.

— Tu connais la loi contre les déserteurs ?

La voix du capitaine est toujours aussi calme.

— Ce n'est pas moi qui vais t'apprendre ton nom. La petite Myriam n'a rien à nous refuser, elle nous a parlé de toi. Ne perdons pas de temps.

— On le branche ? propose le Parigot.

Le capitaine ne tient pas compte de cette intervention.

— Tu connais notre boulot ; tu es resté deux mois en ZOK. L'armée nous a choisis pour une mission de confiance. Démanteler les réseaux de soutien à la rébellion. De notre efficacité dépend la victoire.

Je me contrefous de ce que tu as fait. Je veux des renseignements sur « l'Ingénieur », le communiste espagnol Juan Tavera. Tu travaillais avec le responsable des groupes action, le commandant Si Lakdar, celui que ses amis ont surnommé Mehdi Bougie, l'ancien garagiste modèle. Tu sais où se trouvent les bombes, tu connais les planques. Je vais te laisser réfléchir, tu peux sauver ta peau.

Les trois ombres l'empoignent et le déposent brutalement dans un couloir sale et mal éclairé. Une sentinelle veille derrière la porte, le pistolet mitrailleur contre la hanche.

— Accompagne Monsieur dans sa suite.

Les voix sans visage s'esclaffent. Le gusse le pousse avec le canon de sa MAT 49 vers une espèce de patio.

Il fait encore jour, Nonosse n'a plus aucune notion de l'heure. Ce matin, tout a basculé. Ils sont venus à l'aube, tout s'est passé très vite. Ils ont enfoncé la porte et se sont précipités sur lui pour lui passer les menottes. Il dormait tout habillé. Ils lui ont dit de mettre ses chaussures. A côté, Myriam hurlait et se débattait, il avait entendu des cris, des bruits de verre brisé :

— Attention ! Elle va tout faire sauter, cette salope !

Myriam dormait dans le laboratoire. Elle avait dû

tenter d'amorcer une bombe. Nonosse se souvenait du jour où elle lui avait confié, l'air exalté : « Ils ne m'auront pas vivante. » Ils l'avaient emportée roulée dans une couverture. Il l'avait entendue les injurier encore dans l'escalier.

Ils ont jeté Nonosse à l'arrière de la 203, il avait le bras droit tordu dans le dos et son poignet était lié à celui de l'un des flics. L'autre maintenait son visage plaqué contre le tapis de sol de la voiture avec le pied. La Peugeot descendait vers la mer. Il était balancé dans les virages et le flic accentuait la pression de son pied sur sa joue pour le maintenir collé au plancher. L'automobile s'immobilisa, on déverrouillait un portail qu'il entendit crisser sur le gravier. Ils pénétrèrent dans une cour. En sortant du véhicule, il avait aperçu un long bâtiment en dur que gardaient des sentinelles en tenue camouflée, coiffées de bérets noirs. Nonosse avait senti l'odeur de la mer, entendu les bruits du port. Il devait se trouver quelque part près du grand Môle.

— Quelle heure est-il ? demanda Nonosse.

— T'inquiète... t'as tout l'temps.

Le gusse enfonce un peu plus le canon de l'arme dans son dos, il s'en sert comme d'un aiguillon.

— Allez ! Avance, ordure !

Il y a une vingtaine de cellules disposées cinq par cinq, face à face. Les portes sont en bois, fermées par un solide verrou. À une extrémité de la cour, une sentinelle monte la garde. Nonosse pense qu'au fond du patio doit déboucher un couloir. Il passe devant les cachots, les prisonniers frappent sur les portes, crient des noms, des mots que Nonosse ne comprend pas.

— Vos gueules, les crouilles ! Y pige pas vot' jargon, çui-là !

Le gardien ouvre une porte et le pousse violemment dans la cellule.

— Tu connais l'règlement ! Interdiction de communiquer — ni chant, ni prière à haute voix.

La cellule est dépourvue de fenêtre. Les murs sont en parpaing avec des restes de plâtre peint qui les recouvrent comme des croûtes. Le sol est cimenté. Au centre du plafond, une veilleuse inaccessible éclaire parcimonieusement le réduit de deux mètres sur trois environ.

Dans un coin traînent quelques couvertures poisseuses et puantes. Nonosse s'assied, le dos contre la cloison, face à la porte. Il fait encore jour : la lumière filtre entre les planches épaisses. « C'est pour ça qu'ils ne m'ont pas torturé, ils ne travaillent que la nuit », pense Nonosse. La torture est plus efficace quand le supplicié est tiré du premier sommeil. Nonosse sait que ce sera pour cette nuit. Il entend encore la voix de Mehdi le jour où il lui a dit avec un certain fanatisme : « Je voudrais être torturé comme mes frères pour être sûr que cette chair-là ne me trahira pas ! » Pierrot, un ancien FTP qui était passé entre les mains de la Gestapo lui avait expliqué qu'après une demi-heure le corps s'habituait à la douleur.

— Il faut que je tienne une demi-heure, dit-il à
haute voix.

Mais Pierrot lui avait aussi confié qu'il croyait que,
si on l'avait torturé plus de cinq jours, il aurait fini par
parler.

— Il faut que je résiste vingt-quatre heures qua-
rante-huit fois une demi-heure — pour que les frères
aient le temps d'être prévenus.

De nouveau, il avait parlé à haute voix.

— Comment ont-ils appris mon nom ? J'ai été
donné, c'est sûr. Son cœur battait la chamade. Myriam
ne pouvait pas parler, elle ignorait son nom. Mehdi,
après avoir échappé à la rafle, se cachait quelque part
dans la ville. Si Ahmed ? C'était impossible —
Maklouf ! Le responsable politique urbain. Ça ne
pouvait être que lui. Le salaud ! Mais pourquoi ?

— Il faut que je prévienne Mehdi.

Les autres prisonniers chantaient, tapant sur les
portes de bois. Nonosse reconnut le chant de marche
de l'ALN. Les gusses gueulaient et s'énervaient,
cognant de la crosse contre les portes, tentant vainement de faire taire les voisins de Nonosse.

Ce dernier résista un moment au sommeil, puis
s'endormit.

— Amène-toi, les trois Mousquetaires te demandent.

Nonosse fut surpris dans son premier sommeil,

comme l'avaient prévu ses bourreaux. C'était une autre sentinelle qui assurait la relève.

— Quelle heure est-il ?

— Onze heures du soir, répondit le petit soldat.

Il semblait encore plus jeune que l'autre. Il ne pointait pas son arme contre Nonosse.

— T'as déserté ?

— Oui.

— C'est vrai qu't'es avec les fellouzes ?

— C'est vrai.

— Ben merde, alors !

Le gusse ne comprenait pas. Il conduisit Nonosse jusqu'à la cave où l'attendaient les trois Mousquetaires.

Dans la cave, il flottait une insupportable puanteur de dégueulis mêlée aux relents de merde et d'urine. Sur le sol de ciment il y avait des traces de vomi et de sang. Les émanations piquantes du désinfectant ne parvenaient pas à l'emporter sur les odeurs de la souffrance.

Les quatre hommes transpiraient comme après un long effort physique. Nonosse pensa qu'ils s'étaient déjà échauffés avec un autre prisonnier. Les trois ombres avaient enfin un visage. Il y avait un grand type au physique de joueur de rugby, un adjudant. Quand il parla, Nonosse reconnut l'accent du Midi de l'ombre à la voix traînante. Sur sa veste de combat aux manches retroussées, il portait des décorations de la

Deuxième Guerre mondiale. Le sergent, petit et brun, avait une gueule de maquereau et jouait de la prunelle — c'était l'ombre à l'accent parigot. Le troisième, chauve et rondouillard, était sergent-chef, il arborait une décoration bizarre sur sa tenue camouflée. Nonosse reconnut la croix de fer, une décoration allemande. Il n'avait pas encore prononcé une parole.

Le capitaine buvait une bière au goulot d'une canette. Les trois autres mastiquaient un sandwich. Sur la table, parmi les miettes de pain et les peaux de saucisson, il y avait un camembert entamé et une bouteille d'anis Gras à côté d'un pot de café qui fumait. C'était la pause casse-croûte entre deux séances. Nonosse salivait, il avait faim et soif. Les trois Mousquetaires feignaient de l'ignorer. Près du lit de camp, des bouts de fil électrique traînaient sur le sol. Nonosse sentait son cœur s'affoler.

— Qu'est-ce que t'attends là, planté comme un piquet ? T'es pas encore à poil ?

Nonosse hésita.

— Tu veux que j'te déloque ?

Le petit maquereau, bien campé sur ses jambes, manches retroussées au-dessus des avant-bras poilus, exhibait une médaille d'or représentant la Vierge qui se balançait au bout d'une chaîne sur sa poitrine velue. Nonosse se déshabilla sous le regard goguenard des bourreaux. Il garda son slip.

— Et le calebard ? Faut qu'on t'aide ?

Nonosse fit glisser son caleçon. Il pensait à cette fille qu'ils avaient dévêtue et obligée à montrer sa chatte. C'était à Villejuif, dans les caves de la HLM qu'il habitait avec ses parents. Ils étaient toute une bande. Nonosse avait quatorze ans. Ils criaient « à poil ! à poil ! »

Ils étaient là, tous les quatre, sûrs de leur force. Ils le détaillaient, s'introduisaient dans son corps. Nonosse aurait voulu protéger son sexe avec ses mains. Il se retint, ce serait une piètre protection. Il pensait à la fille de la HLM. Il se souvenait de ses larmes, de ses mains en coquille devant le pubis pour masquer les poils. La honte l'avait envahi devant cette violence devenue plus forte encore du fait de cette nudité fragile.

— Il a une belle bite, c'est dommage.

Le sergent-chef à la croix de fer a saisi une règle sur la table et lui tapote les testicules.

— Tu sais qu'après ce qu'on va te faire tu pourras plus baiser ?

Le maquereau aux yeux bleus situe le problème au niveau de ses préoccupations personnelles. Nonosse songe qu'il y a une éternité qu'il n'a pas fait l'amour. Il a envie de pleurer.

— Alors, on le branche ! propose l'adjudant à la voix traînante.

— Il doit avoir soif, depuis ce matin.

Le sergent-chef à la croix de fer soulève un broc et le remplit lentement au robinet de laiton. Nonosse déglutit avec difficulté. Il a soif. Le sergent-chef s'est débraguetté et pisse dans l'eau du broc.

— Tu verras, ça donne du goût.

Les autres se marrent doucement. Le capitaine sourit. Il transpire. La peau de son visage est toujours aussi lisse, aussi nette. Nonosse pense qu'il doit passer son temps à se raser. Ou alors, il est imberbe. Le capitaine calme ses aides.

— Pas d'impatience, messieurs. Laissez-le se concentrer. Il a tellement de choses à nous raconter qu'il ne sait pas par quel bout commencer.

Le sergent-chef à la croix de fer s'empare du broc.

— J'pourrais peut-être lui donner à boire, mon capitaine.

Le maquereau intervient de sa voix de marlou parigot, vantard et emballeur.

— Du calme, Charlemagne, c'est pas la Gestapo, ici. Rappelle-toi ce que nous a appris le capitaine : une règle essentielle — prendre son temps. Un interrogatoire, c'est comme quand on fait l'amour. Faut savoir se retenir. Faut l'amener à la douleur, le gazier, et le maintenir longtemps, c'est comme pour le plaisir. Si tu le manœuvres bien, il parle. C'est l'orgasme ! Mais, attention ! S'agit pas qu'y t'claque dans les pattes ! C'est vrai que toi, y a qu'le viol qui t'fait reluire. T'aimes pas vraiment les femmes, tu peux pas comprendre.

Les autres rigolent. Combien de fois déjà a-t-il exposé sa théorie, content et sûr de lui ?

Nonosse est comme engourdi par les mots, par la faim, la soif. Sa blessure au visage le fait souffrir. Il pense :

« Je tiendrai pas le coup. Je dois prendre l'initiative, il faut qu'ils me cognent tout de suite. »

Il se précipite sur le capitaine en hurlant :

— Bande de malades ! Enculés !

Tous quatre se ruent sur lui, l'empoignent, le ligotent, le cognent puis l'attachent tout sanguinolent sur le lit de camp. Charlemagne lui enfonce l'estomac avec son coude et introduit violemment l'entonnoir dans sa bouche, heurtant les dents au passage.

— A ta santé, pédé !

Il vomit, hurle, s'étrangle. Les autres menacent, branchent.

— A toi, Rodriguez.

— Vas-y, curé.

Des hoquets, des gémissements, des râles.

Les autres soufflent.

Il les entend.

Les voilà qui bouffent, qui boivent, qui éructent.

— Ma femme arrive demain de la métropole.

— Et ta p'tite ?

— Oh ! celle-là, ça s'ra quelqu'un !

— Chuis vanné.

— On n'en tirera plus rien aujourd'hui.

— J'vais m'pieuter.

Des bruits de porte et de verrou.

Il est soulevé, il marche.

— Il a chié sous lui !

— Il a dégusté, le mec !

— Ils l'ont pas raté.

Il était assis, le petit soldat se penchait sur lui. La porte de la cellule était entrouverte, il faisait jour.

— Faut qu'tu t'mettes à table, pour eux, ça urge ! Sinon, tu vas r'piquer au truc et c'te fois, y vont t'bousiller les roupettes !

La voix était fraternelle. Elle venait d'une banlieue lointaine, elle disait : « Ça suf, les mecs ! » Elle libérait la petite, là-bas, dans la cave de Villejuif. « Tiens, prends tes fringues. » Il s'appelait Dédé…

— Dédé !

— J'm'appelle pas Dédé. Tu veux une sèche ?

D'autorité, le petit soldat lui mettait une cigarette entre ses lèvres tuméfiées.

— Quelle heure est-il ?

— Sept heures du mat.

Nonosse pensa que même les bourreaux font des journées de huit heures.

— J'ai tenu seize demi-heures.

— C'est des vachards, des vicieux. Y sont connus, ici. Y sont quatre. C'est pour ça qu'les gusses les appellent les trois Mousquetaires.

166

Le petit soldat lui glissait une tablette de chocolat dans la main.

— Chuis d'garde, ce soir, j'passerai t'voir.

— Apporte-moi du papier et un crayon. Je veux écrire une lettre.

— Non, ça chpeux pas. A c'soir !

Ils avaient mutilé sa jeunesse à l'école, estropié son corps au boulot et cassé ce qui lui restait de confiance dans les hommes à l'armée.

A vingt-trois ans, pense Nonosse, je n'ai connu que des pions et je vais crever entre les mains de sadiques décorés qui fouillent et détruisent ma chair au nom de la France.

Quinze années pour se faire laminer l'imagination, apprendre des règles de vie dégueulasses, devenir une brute de consommation et de connerie.

Nonosse arrache un bouton de sa braguette et gratte machinalement le plâtre du mur entre les parpaings.

Le patio se remplit de chuchotements.

Il entend des râles, des gémissements, des prénoms murmurés, des voix fraternelles. Enfin, ce fut une prière collective qui s'éleva, envahissant la cour comme une protestation.

Avec son bouton de braguette, sculptant le plâtre, Nonosse écrivit :

TE SOUVIENS-TU GÉGÈNE

Sa tête tournait. Le ciel s'obscurcit, tout gris, tout noir, trop bleu.

Il grava laborieusement :

JE VEUX PAS CREVER

Nonosse pensa : je veux faire du vélo, je veux voir les cuisses de mes copines.

Montre-moi, Hélène.

Hélène soulève sa jupe étroite et s'interrompt.

Plus haut, Hélène, montre-moi.

Hélène fait glisser le tissu bleu marine au-dessus de la culotte blanche.

Dis, Hélène, tu mouilles ?

Elle ferme les yeux. Nonosse se jette à ses pieds. Il écarte le slip de coton et enfouit le nez et la bouche dans la touffe noire.

C'est salé, c'est bon, j'aime te boire, Hélène.

Les seins d'Hélène.

Ils sont lourds et s'écrasent sur leur base quand ils quittent la niche du soutien-gorge.

Des seins à prendre à pleine main et qui bandent. Des seins pour soûler de lait une floppée de gnards.

Le ventre d'Hélène est un peu enveloppé avec des plis en ricochet et une cicatrice bleue qui dessine comme une rigole entre le nombril et le pubis. Un ventre émouvant, un ventre à bander.

Le sexe d'Hélène c'est la mer, l'odeur et le sel. Le mystère où je bande et me perds en criant je t'aime !

La guerre des gusses

Les cheveux d'Hélène... non — c'est la chevelure rouge de la bonne du docteur. Elle monte sur l'estrade. Elle fait claquer ses chaussures à semelle de bois. Elle montre ses jambes, elle leur jette sa beauté en pâture. En bas, ils se rincent l'œil, ils grognent, ils bavent — « On a gagné ! »

Ils ont « résisté » quatre ans avec acharnement, à vendre du cochon au marché noir, à donner leur voisin pour boire son pinard et récupérer ses tickets de rationnement. La bonne du docteur s'assied sur un tabouret, le coiffeur de Serrigny enfonce la tondeuse dans la masse rousse et brillante des cheveux puis les brandit comme un trophée en faisant avec ses doigts le « V » de la victoire. Exaspérés de connerie, les yeux hors de la tête, ils ne se tiennent plus, ils jouissent, explosant dans un orgasme patriotique.

La bonne du docteur se lève, montrant encore ses cuisses et s'en va. La foule chauvine scande sur l'air des lampions : « La boule à zéro ! Laboulazéro ! » Les braves gens l'appellent la tondue — « Vous savez, celle qui couchait avec les boches. » Nonosse a onze ans, il est amoureux de la tondue et la guerre est finie.

Nonosse sanglote. Il se frotte sur le sol en ciment, il ne sent plus sa bite, ses couilles le font crier de douleur.

Il dit à haute voix :

— Je ne ferai plus jamais l'amour !

Ça doit être ça, mourir...

Nonosse crache — c'est du sang. Il fait des ronds dans l'eau... Il s'appelle Copineau Jean Maurice, transporté aux îles du Salut, bagnard, de l'île de Ré à la Guyane, gardien du phare de l'Enfant Perdu. Jean Maurice fait des ronds dans l'eau. Il est fou de solitude et malade quand on le conduit à l'hôpital colonial de Cayenne.

Le 15 février 1917, au service des consignés à l'hôpital de la transportation, il se suicide par pendaison. Avant de se donner la mort, il a écrit ces quelques lignes que Nonosse connaît par cœur :

« Las de souffrir et trop bien soigné ici je mets fin à mes jours, n'ayant pu m'enfuir. Si j'étais retourné au camp, je tuais certainement quelques surveillants, voleurs et mangeurs de rations, vomissures cent fois plus dégoûtantes que nous, transportés. Faire le procès de ces sangsues n'est pas en mon pouvoir, je ne suis pas assez bon avocat pour cela, si j'avais pu trouver seulement dix hommes possédant ma volonté...

Maintenant, pour ma patrie, je voudrais que les boches tuent tout ce qui reste de Français et de Françaises. C'est une race exécrable et cela en commençant par ma famille, ne croyant ni à Dieu ni au Diable, je m'en vais donc bien tranquille dans l'au-delà. Ma dernière pensée est pour Guillaume II, aussi grand bienfaiteur de l'humanité que le fut Pasteur, c'est une purge de ce genre qu'il fallait, serfs, vous finirez peut-être par comprendre ou alors vous serez

dignes d'être attelés à la charrue à tout jamais. »
Nonosse gueule dans la cellule :

— Je m'appelle Copineau Jean Maurice ! Je vous emmerde ! vive le FLN. A bas la France !

Le patio se remplit de nouveau de chuchotements. Il entendit les voix sourdes et fraternelles qui disaient : « Copineau... Copineau... Frère... »

Les prisonniers tapaient sur les portes de bois, c'était un vrai vacarme que les sentinelles tentaient vainement de faire cesser en hurlant.

Nonosse sursaute, la douleur l'envahit, le taraude, son cœur pince, il gémit.

— C'est moi, il est neuf heures. Neuf heures du soir.

Le petit soldat tend sa gourde d'eau.

— Doucement. Bois doucement.

— Merde ! Mes dents bougent.

— Fais gaffe, t'as les crocs qui s'font la paire.

— Tu m'as apporté le papier et le crayon ?

— Ouais, ouais. Rebecte-toi d'abord, dans deux plombes, y r'mettent ça, ça va encore êt' ta fête. Copineau — c'est ton blase ?

— Je n'ai plus de nom. C'est ma dernière liberté.

Nonosse esquisse un sourire qui s'achève en grimace. Ses lèvres tailladées ne supportent pas le moindre mouvement.

— Mais Copineau, c'est un faux blase, alors ?

— Copineau, c'est un bagnard qui s'est suicidé à

Cayenne pendant la guerre 14-18 et qui, avant de mourir, a écrit une lettre pour insulter ses bourreaux et souhaiter la victoire de l'Allemagne, rien que pour faire chier les Français parce qu'ils ont inventé le bagne de Guyane. J'ai lu son histoire dans un livre.

— C'est dégueulasse de souhaiter la victoire des boches... C'est comme toi — t'es pour les bougnoules, c'est vraiment dégueulasse. Qu'est-ce que t'as trouvé chez ces mecs-là ?

— C'est à cause de ça.

Nonosse montre son corps souillé et meurtri.

— La torture, tu veux dire ?

— Tu te souviens, pendant la guerre, les boches et la résistance ? Eh bien, ici, les boches c'est nous.

— J'entrave rien à tes déconnades. T'es foutu, mec, les trois Mousquetaires y vont remett' ça jusqu'à c'que tu causes. Et quand y t'auront bien fadé, y t'finiront.

— Passe-moi le papier et le crayon. J'vais écrire ma lettre, moi aussi. Tu l'enverras à un pote à moi qui crapahute quelque part dans le djebel. J'ai ta parole ?

— Magne-toi.

Nonosse écrivit :

« Salut Gros,

Je suis dans une prison secrète des DOP. Je pense qu'elle est située près du grand Môle. Un de mes bourreaux est sergent-chef, les autres l'appellent

Charlemagne, il porte une décoration allemande. Il y a aussi un serpate brun aux yeux bleus, accent de Paname, gueule de mac. Ses complices le nomment Rodriguez, je pense que c'est un pseudo. Je le vois assez fils d'anar espagnol. Il y a encore un adjudant, un type du Sud-Ouest, genre deuxième-ligne de rugby et enfin le capitaine, une espèce de mal blanc. Ici, l'équipe est connue pour son sadisme, les gusses les ont surnommés LES TROIS MOUSQUETAIRES. J'ai été donné par le responsable politique de la ville. A présent j'en suis sûr. C'est à cause de mes liens avec Mehdi Bougie dont tu as dû entendre parler par la presse. Je crois que mes vacances en Bougnoulie vont bientôt s'achever. En somme, ils vont me libérer...

J'essaye bien de me convaincre que j'aurais pu mourir d'un cancer comme ma mère, ou bien renversé par l'autobus N° 27 en traversant en dehors des clous place d'Italie, un jour comme les autres à Paris. Je me dis aussi que j'aurais pu décéder des suites d'un accident de la route en rentrant de vacances à une allure corbillarde. J'exclus l'accident du travail. Tu connais mon dégoût pour les quarante heures obligatoires. Le travail, on y va comme on va à la selle, tu as remarqué l'angoisse devant la constipation, c'est la même que devant le chômage.

On a déjà causé de tout ça.

C'est bon, Gros, je te laisse, je n'ai pas tellement envie de rigoler. J'ai plutôt envie de chialer. La dignité, la volonté, la retenue, la virilité, l'honneur, le jeu de la carte à la belote, ce sont des muscles qu'on acquiert en charentaises.

Je suis triste parce que je suis incapable d'expliquer au gusse qui me garde le sens de mon engagement.

Je suis désespéré parce que je n'ai pas assez vécu. Si je m'en sortais, je n'arrêterais plus de faire l'amour, je le ferais à en crever. J'aurais voulu faire comprendre à mon petit soldat qu'aujourd'hui, son paquet de sèches, sa gourde d'eau, sa tablette de chocolat, son papier, son crayon, sont plus importants pour moi que l'idée de la liberté et que cela s'appelle la fraternité.

Gros, je t'aime bien tu sais. Évite les balles assassines, rentre à la maison et pense quelquefois à moi.

Je t'embrasse vieux frère,

NONOSSE

P.S. Je n'y peux rien, je meurs le cœur plein de haine et d'amertume. »

« Dédé », le petit soldat, était de retour. Il glissa la lettre dans la poche de sa veste de combat. Il était tendu et fixait bizarrement Nonosse.

— Les Mousquetaires t'embarquent ! Y vont p'têt' te larguer aux flics de la DST ?

Ils sortirent dans le patio. Les autres prisonniers tapaient sur les portes avec ce qu'il leur restait de force.

— Djezaïr !

174

— *Llah nahmek !* Dieu te fasse miséricorde !

— Rouhia ! Frère !

— COPINEAU ! COPINEAU !

Plus de quarante ans après sa mort sur un autre continent, d'autres suppliciés, sous une autre république criaient le nom du bagnard qui s'était tué en souhaitant la victoire de l'Allemagne.

— Tu vois, Dédé, c'est ça la fraternité.

— J'm'appelle pas Dédé, chte dis...

Pour couvrir les cris des compagnons de Nonosse, les militaires entonnèrent lentement un chant aux accents germaniques.

> *Ce monde vétuste et sans joie*
> *Croulera demain devant notre foi*
> *Nous luttons pour notre idéal*
> *Pour un ordre nouveau*
> *Pour un ORDRE idéal...*

Nonosse se mit à hurler le nom de Copineau.

— COPINEAU ! COPINEAU !

Dans la cour, deux jeeps attendent. Leurs phares éclairent le portail et les sentinelles. Deux hommes montent dans une des jeeps. Ils portent une pelle. Le capitaine sort de l'ombre et vient à la rencontre de son prisonnier.

— Mais fallait l'attacher, bordel !

— Faut que ch't'attache...

Dédé lie les mains de Nonosse dans son dos. Le

gusse ne serre pas trop les liens — son dernier message.

Le capitaine l'interpelle :

— Bougre de con ! On s'expliquera à mon retour !

Le capitaine pousse Nonosse vers la seconde jeep. Charlemagne est au volant. Nonosse est casé à l'arrière entre deux soldats qu'il ne connaît pas. Ils sont armés de pistolets mitrailleurs Berretta, certainement saisis dans une cache du Front. Les deux véhicules s'enfoncent dans la nuit. Les phares éclairent les façades des entrepôts. Les voitures montent vers la ville haute, longent un cimetière, traversent un petit bois et s'immobilisent.

Le capitaine saute lestement de la jeep.

— Allez ! on continue à pied, c'est bon pour la santé. Un peu d'exercice, ça fera du bien à tout le monde.

Nonosse a froid. Il claque des dents.

— Y a le héros qu'a la trouille, ironise Rodriguez qui s'amène, une pelle à l'épaule.

— Toi, le fellouze, marche devant.

Les phares des jeeps illuminent sur cinquante mètres le sous-bois. Au bout du tunnel de lumière, c'est comme un trou noir.

Nonosse est debout. Ses jambes tremblent, ils l'ont placé face aux phares. Nonosse aspire, expire. Il se remplit les poumons d'oxygène, tente de maîtriser la panique de son corps. Il ne peut pas s'empêcher de claquer des dents. Le capitaine s'avance, il a un colt 45 à la main et, de son arme, avec un geste rapide, pousse Nonosse.

— Allez, tire-toi, connard !

Nonosse ne bouge pas, ça cogne dans ses côtes, ses jambes n'obéissent pas.

— Tu es libre !

Nonosse se met lentement en marche vers le mur noir, au bout du tunnel de lumière.

Il connaît le rituel de la corvée de bois.

— Tu vas courir, oui ou merde ?

Dans son dos, les liens cèdent et c'est l'espoir insensé. Il aspire, il expire, il aspire, il expire... puis, d'un seul coup, il libère ses poignets et, coudes au corps, il s'élance : c'est l'instinct, la fuite, la vie, il court, il vole, il se fait oiseau.

Le capitaine empoigne son colt à deux mains, écarte les jambes, les fléchit légèrement, retient sa respiration et presse la détente de son arme.

Pendant trente secondes ils tirent tous comme à la foire. Une giclée de plomb, puis le silence.

— Halte au feu ! Au résultat !

En petites foulées, le capitaine suivi des autres tireurs court vers le corps de Nonosse.

— Beau tir groupé.

Un peu essoufflé, Rodriguez commente :

— Il courait vite, ce con-là, il est presque arrivé au ravin.

Rodriguez enfonce sa pelle dans le sol, le capitaine lui saisit le bras et l'arrête.

— Laisse tomber, ce sera plus marrant.

D'un coup de pied, le corps est projeté, il dégringole dans la nuit, heurtant brusquement des boîtes de conserve.

— Allez les gars, on rentre, on va fêter ça !

La voix du capitaine est calme et douce.

Omar Z'yeux Bleus le Kabyle longea le mur du cimetière jusqu'à l'avenue du Frais Vallon. La décharge devait se trouver derrière le bidonville. Quittant l'avenue asphaltée, il s'engagea sur une piste de terre, uniquement fréquentée par les bennes à ordures de la ville. Le chemin de sable jaune s'enfonçait en ligne droite à travers une forêt d'eucalyptus et s'élargissait en terre-plein tout au bord du vallon. Des papiers gras et de vieux journaux traînaient çà et là, palpitant au gré du vent venu de la mer, qui apportait une suffocante odeur de caoutchouc brûlé. Omar Z'yeux Bleus se pencha sur le ravin. De longues traînées d'immondices descendaient vers le bidonville comme autant de coulées de lave multicolores et brillantes. C'était là que la ville européenne se débarrassait de ses restes fastueux. Des vieillards en djellaba loqueteuse et de jeunes enfants demi-nus fouillaient la poubelle somptueuse des riches, triant, démêlant, choisissant tout ce qui pouvait être récupéré — reliefs

de repas, boîtes métalliques, vêtements usés, médica-
ments périmés. Ils bourraient jusqu'à la gueule des
sacs de jute plus hauts qu'eux qu'ils portaient sur le
dos. De temps à autre, ils enflammaient de vieux
pneus qui se consumaient lentement et dont l'âcre
puanteur ne parvenait pas à couvrir la pestilence de
toutes les déjections de la ville.

C'était eux qui avaient trouvé le corps du déserteur
— « Un vrai Français de France » songeait Omar
Z'yeux Bleus le Kabyle. Ils l'avaient trouvé là, haché
par le plomb, les muscles en charpie, parmi des débris
de poulet.

Les journaux avaient publié une photo :

« *Le corps d'un déserteur retrouvé dans une
décharge publique.* La nature des balles, leur calibbre
— du 11,45 — couramment utilisé par les terroristes
du « FLN » fait penser à un règlement de compte. La
police judiciaire enquête. »

Omar Z'yeux Bleus chercha autour de lui une
planche, un morceau de bois, avisa quelque chose qui,
dans une autre vie, avait dû s'appeler manche à balai,
et le ramassa.

Il descendit le flanc de la montagne d'ordures et
ficha le manche de bois en terre en criant : « *Shah !* »
— c'est bien fait.

Les enfants et les vieillards l'avaient entendu et le
virent planter le pieu parmi les détritus. Ils le suivirent
du regard, intrigué par son manège. Omar Z'yeux
Bleus remontait rapidement la pente, faisant rouler de

vieilles boîtes de lait Gloria. Ils le perdirent de vue un instant, puis il redégringola l'amas de boîtes de conserves et revint vers le pieu qui se dressait au-dessus des décombres. Il avait une pierre brute à la main. Il s'immobilisa devant le pieu qui symbolisait l'endroit où Nonosse était tombé assassiné et y jeta sa pierre. Les enfants et les vieillards l'entendirent distinctement prononcer la formule « *Llah nahmek !* » — Dieu te fasse miséricorde.

Puis Omar le Kabyle s'éloigna en direction du bidonville.

Dans son village, un usage immémorial oblige les passants à jeter une pierre brute à l'endroit où un homme a péri de mort violente, où son sang a été répandu. Le premier homme qui passe doit d'abord marquer le lieu en y plantant un pieu. Ensuite, pendant des années, l'offrande s'accumule de jour en jour. Cet amas, ce tumulus de pierres est là comme un rappel de la vengeance à accomplir afin que l'âme du mort soit apaisée.

En arrivant aux abords du bidonville, le Kabyle se retourna. Les vieillards loqueteux et les enfants demi-nus de la misère s'étaient mis à gratter la terre mêlée d'immondices pour ramener à la surface toutes les pierres du ravin afin de réclamer la vengeance de leur frère.

Llah nahmek
Dieu te fasse miséricorde.

La nuit était tombée quand Mehdi entra chez la vieille Nora.

— Tu es revenu, mon fils. Nora va s'occuper de toi. Donne-moi ça.

Elle rangea soigneusement le déguisement de Mehdi, un haïk blanc. Mystère de la répression — les soldats français respectaient les femmes voilées et leur anonymat.

— Je vais te faire un café.

Assis par terre, Moktar et Arezki regardaient des illustrés en riant.

— Tu as vu notre cache ? demanda Moktar.

Il tenait à montrer « sa » cache à Mehdi. Il lui désigna une ouverture pratiquée dans le mur qu'il suffisait de boucher avec un panneau d'azuleros.

— Quand les paras arrivent on se cache là-dedans tous les deux et la mère camoufle les joints.

Mehdi sourit et caressa affectueusement la tête bouclée du petit. La vieille arrivait avec le café. Elle était radieuse : tous ses fils étaient réunis.

— Bois, mon fils, il est bien sucré.

Mehdi songeait à la semaine écoulée — il ne maîtrisait plus les événements, tout avait commencé à basculer avec l'échec de la grève des commerçants. La réaction immédiate de l'armée les avait surpris par sa violence. Les militaires avaient envahi la Casbah, arrachant les rideaux de fer des boutiques, démolissant les portes. Dans la basse Casbah, les Européens avaient pillé les magasins. La résistance des boutiquiers n'avait pas duré plus de vingt-quatre heures. La décision de l'état-major d'organiser la grève s'était révélée une erreur. Maklouf s'était trompé et les conséquences étaient incalculables. Les paras avaient investi la vieille ville par les toits, sautant des hélicoptères, pénétrant dans les maisons et en chassant les occupants vers la rue où les attendaient les zouaves. Ils torturaient sur place. Leurs bases d'appui étaient détruites, de nombreux « fedaï » avaient été arrêtés et exécutés. Le labo était tombé. L'Ingénieur avait réussi à fuir, Myriam, emprisonnée, avait tenté de se suicider, le corps supplicié du déserteur français avait été retrouvé dans une décharge publique. Mehdi savait que Maklouf et l'état-major étaient partis à l'étranger. Ses troupes étaient décimées.

Il y avait trop de choses que Mehdi ne s'expliquait pas. Quelqu'un avait trahi. Quelqu'un avait manœuvré pour liquider les bases urbaines. Mais il songea qu'il lui restait suffisamment de bombes pour répliquer à leur terreur par la contre-terreur.

— Je vais les faire danser, songea-t-il tout haut.

Rappelle-toi, Moktar : un cadavre en veston vaut mieux que vingt en uniforme.

Arezki surveillait le passage à travers le lacis de bois de la fenêtre.

— Omar, voilà Omar !

Mehdi eut du mal à reconnaître Omar Z'yeux Bleus dans la pénombre de la ruelle. Vêtu en mendiant, il fouillait dans les immondices comme à la recherche de quelque trésor. Il poussait devant lui un sac de jute, il était d'une saleté repoussante. Il dénicha enfin ce qu'il cherchait, une boîte métallique dont il heurta d'abord le sol, trois coups suivis de deux, avant de l'enfouir dans son sac comme un objet précieux. A cet instant, un para pénétra dans le champ de vision de Mehdi. Il botta le cul d'Omar :

— Allez, dégage, et fissa !

La vieille Nora fit irruption dans la pièce, en proie à la frayeur.

— Ils sont sur les terrasses, ils sont dans les rues, ils sont partout. Ils fouillent toutes les maisons, ils sondent les murs pour les caches, ils te cherchent, mon fils.

Mehdi savait que, dans chaque quartier, toutes les maisons, les appartements et leurs habitants étaient fichés. Sur la façade des immeubles, les soldats avaient peint d'énormes numéros au goudron. Les citoyens de la Casbah devaient coucher dans leur lit, la carte

184

d'identité à portée de la main. Dans chaque appartement perquisitionné, les hommes et les femmes pré-
sents devaient correspondre aux noms portés sur la
fiche. Ils entendirent rouler un coup de sifflet. « C'est
le signal ! » pensa Mehdi.

Dehors, la rumeur enflait — piétinement sourd,
portes éclatées à coups de botte et de crosse, les paras
vidaient les maisons de leurs habitants une par une,
contrôlaient systématiquement les identités, puis ras-
semblaient les gens dans les ruelles, alignés les mains
en l'air contre les murs.

Mehdi fit basculer le chargeur de sa MAT.

— Moktar ! Les grenades !

L'enfant lui apporta les trois grenades défensives
qui se trouvaient dans la cache. Mehdi les glissa sous
sa chemise, à même la peau.

— Rentrez là-dedans, maintenant.

Moktar le boxeur se tapit à l'intérieur de la cache,
suivi d'Arezki. La vieille Nora masqua la charnière
avec du mastic.

— À présent, tu dois sortir, la mère.

— Je reste avec mes enfants.

Mehdi les entendait déjà monter. Il dégoupilla une
grenade, entrouvrit la porte et la fit rouler dans
l'escalier. Il entendit des jurons, une bousculade, puis
ce fut l'explosion.

Il courut à la fenêtre et se mit à tirer par courtes
rafales contre le projecteur dont le pinceau illuminait
la façade.

« Ils ont même apporté leur lumière », songea-t-il.

Un FM en batterie sur une terrasse arrosa longuement la fenêtre. Des éclats de bois volèrent. Mehdi
sentit un choc contre son bras gauche, le sang se mit à
couler.

À l'extérieur, une voix cria : « Halte au feu ! »

Le fusil mitrailleur se tut.

— Tu es blessé, mon fils ?

La vieille Nora se précipitait vers lui.

— Couche-toi, la mère !

La vieille était contre lui, le protégeant de toutes ses
rondeurs. Il entendit le zézaiement d'un haut-
parleur.

— Ici le colonel Rolin ! Tu es fait, Mehdi ! Sors,
c'est fini ! Tu seras traité en soldat ! Tu as trois
minutes, si tu ne te rends pas, on fait sauter la
baraque, tout est prêt !

La vieille Nora lui faisait un pansement avec le tissu
du haïk qu'elle déchirait fébrilement.

— Fais-moi aussi une écharpe, la mère... et maintenant, tu vas sortir.

— Mehdi ! Tu m'entends ? C'est le colonel Rolin,
fais sortir la femme !

— Ne tirez pas ! Elle sort, elle a un message pour
vous !

— Vas-y, la mère, dis-leur que je suis blessé, que je
veux bien me rendre, mais seulement au colonel
Rolin, qu'il vienne me chercher si c'est un homme —

186

tu diras ça à haute voix, que tout le monde t'entende.

La vieille Nora l'embrassa.

— Et les enfants ?

— Les paras ne savent pas qu'ils sont là, ils sortiront de leur cache quand tout sera fini.

La vieille Nora disparut dans l'escalier.

Le mégaphone grésilla.

— C'est bon, Mehdi ! Je te reçois cinq sur cinq ! Je fais dégager, je me tiendrai devant la porte, tu jetteras ta MAT et tu lèveras les bras. C'est moi, moi seul, Rolin, qui viendrai te cueillir.

Mehdi sourit.

Derrière le panneau, les petits protestaient.

— Ne te rends pas, Mehdi !

— Silence ! Ils ne savent pas que vous êtes ici. Je m'évaderai, à bientôt, si Dieu le veut !

Mehdi dégoupilla une grenade, la serra dans sa main, appuyant sur la cuillère et plaça son bras gauche dans l'écharpe de tissu blanc qu'il porta en bandoulière. Il prit sa MAT et descendit lentement l'escalier, son poignet l'élançait, il saignait abondamment, le sang poissait sa main crispée sur la grenade, les muscles de son bras lui faisaient mal, tendus, au bord de la crampe.

Il songeait aux longues conversations avec Omar Z'yeux Bleus, le Kabyle. « Avec l'indépendance, je vois arriver les nouveaux exploiteurs, ils parlent notre langue, ils chantent notre culture. Il aura d'abord fallu se battre contre les Européens pour comprendre ça... » Était-ce l'Ingénieur, déjà, ou le Français, qui disait : « Moi, le nationalisme, j'en ai rien à secouer, je voudrais une société sans pauvres, sans privilèges, sans bureaucrates pour te dire ce que tu dois faire, une société où tu pourrais t'asseoir quand t'aurais plus envie de travailler, une société sans injustices... » Il ne se souvenait plus, c'était peut-être bien le Français. Un Français, son frère...

Mehdi songea qu'il n'assisterait pas à la victoire de son peuple mais que celle des politiciens qui venaient de fuir à l'étranger lui serait du même coup épargnée.

— C'est mieux ainsi, dit-il à haute voix.

— Tu peux sortir, tu as ma parole de soldat. Je veux te voir en pleine lumière.

La porte était violemment éclairée par les projecteurs. Mehdi s'avança. Levant le bras droit, il fit voir sa MAT.

— Jette-la devant toi et marche lentement vers moi.

Mehdi posa son arme sur le sol et la poussa du pied. Un para se précipita pour la ramasser.

Le colonel Rolin sortit de l'ombre et se présenta dans la lumière. Il avait gagné la partie.

— Tu nous as donné du fil à retordre, mais on a fini par t'avoir.

Le colonel s'approchait, les yeux fixés sur le pansement ensanglanté. Mehdi lâcha la cuillère de la grenade, sentit comme une déchirure et fit la grimace.
Il compta — un — deux — trois — quatre — cinq —
six — sept et se précipita sur le colonel qu'il serra
contre lui. L'autre essaya vainement de se débarrasser
de Mehdi, il avait compris — trop tard. La grenade
explosa.

Sur le sol, enlacés, les deux hommes agonisaient, les
intestins déchiquetés. Les officiers accourus au
secours du colonel Rolin ne purent que constater le
désastre. Le colonel allait mourir dans les bras de son
ennemi, victime de son esprit sportif.

Les soldats grondaient, on venait d'assassiner leur
chef sous leurs yeux. Ils distribuaient des coups de
crosse.

— Y faut les flinguer, y z'ont pas le sens de
l'honneur, ces fumiers.

Les officiers sentaient venir la ratonnade et les
exécutions sommaires. La présence des photographes
convoqués par Rolin pour filmer l'arrestation de
Mehdi Bougie les mettait dans l'embarras. Ils mitraillaient les deux cadavres, tenant leur scoop et, déjà
alléchés par le massacre qui se préparait, chargeaient
fébrilement leurs appareils.

Pour faire diversion et calmer les esprits, un commandant gueula un ordre :

— Faites sauter la baraque !

Tout était prêt, mis en place par Rolin lui-même.

Un caporal enfonça le levier de contact du mécanisme électrique et la maison s'écroula.

— Mes enfants !

La vieille Nora hurlait.

— Mes enfants !... Mes enfants, ils ont tué mes enfants...

— Mate un peu ça !

Malik me tend *Le Provençal* acheté le matin même, gare Saint-Charles.

36 CHANDELLES — *Le réveillon surprise de nos soldats.*

Sous le titre, une photographie de Jaboune, l'animateur de télé, en compagnie d'une artiste quelconque mal fagotée qui joue de l'accordéon. Je lis : « Pour le Nouvel An, Jean Nohain descendra peut-être du ciel comme le petit papa Noël. Six soldats tirés au sort verront leur mère, leur épouse, leur enfant débarquer dans le djebel, des milliers de soldats recevront une enveloppe contenant un billet de banque offert par les téléspectateurs. Le tout sur un air d'accordéon apporté par Jean Nohain, André Leclerc et les onze artistes de l'équipe de 36 chandelles. »

— T'imagines ! On va rater ça...

Nous roulons vers Paris.

« Vous passerez Noël en famille », avaient promis

les autorités militaires, ça aussi, c'est raté. Le roulis du train réveille des souvenirs amers de mascara — j'ai bu avec les gusses des litres de ce pinard épais, plus noir que rouge. On a dégueulé dans la neige fraîchement tombée. A l'aube, il y avait de longues traînées violettes dans la cour du poste. Un pâle soleil d'hiver éclairait les pentes neigeuses du Djurdjura...

Nous ne sommes plus très loin de Paris. Dans les wagons, les gusses se taisent. Les chants, les manifestations d'allégresse retombent. Le cœur n'y est plus. Les visages sont tendus, fermés, nous nous sommes déjà dit adieu.

Dans le compartiment de deuxième classe, surchauffé, les gusses n'ont plus besoin de se serrer les uns contre les autres pour se tenir chaud. Pour nous, la guerre est finie. Pour les autres, là-bas, près d'Azazga et de Fort National, elle continue. Pour ceux que nous avons croisés à Marseille, ceux qui vont prendre la relève, elle commence...

Le train s'immobilise en grinçant, bruits d'essieu, d'air comprimé qui s'échappe. Des femmes et des hommes courent le long du quai, scrutant les couloirs des wagons, inquiets, cherchant le visage d'un mari, d'un enfant, d'un amant.

— On t'attend ? me demande Malik.

— Non. Je n'ai pas voulu jouer avec les nerfs de ma mère. Et puis je n'ai envie de voir personne.

— Bon, ben... t'as mon adresse. On s'voit bientôt, hein ?

Il a parlé sans conviction, un peu gêné. On se serre la main, je sens que nous sommes devenus des étrangers.

— La quille bordel ! La quille !

Sur le quai, au milieu des retrouvailles larmoyantes et des embrassades, quelques ivrognes se dirigent en braillant vers un quelconque train de banlieue. Ils traînent derrière eux leur sac de matelot comme un animal domestique. Trois gendarmes les suivent à distance, méfiants. Leurs voix s'éteignent quand j'arrive au pied de l'escalier du Train Bleu.

Malik embrasse sa femme à pleine bouche. Elle se colle contre lui, il lui pelote les seins, il pleure. Il y a quinze jours, pendant une garde, il m'a confié que sa compagne était une grognasse. Une salope qui le faisait cocu et ne lui écrivait plus depuis trois mois, merde ! Mais ce soir, c'est la trêve — les gusses sont revenus, ils oublient tout. Les lettres ne sont pas arrivées parce qu'il y avait une grève des PTT, ou alors le vaguemestre les avait paumées, ce con. Ce soir, c'est l'envie d'arracher tous ces vêtements d'hiver où les corps se cachent qui est la plus forte. Des ventres se cherchent, se frottent. Les gusses pardonnent, ils pardonnent tout, pourvu qu'ils puissent ouvrir ces cuisses, entrer dans cette vie, là, toute chaude, pour sentir un instant qu'ils sont encore vivants — vivants !

— Mon p'tit ! Mon p'tit gars ! C'que t'as changé, mon p'tit gars !

Misérables, les parents sanglotent et s'inquiètent.
On leur a changé le regard de leur enfant.

Les gusses se séparent en débandade.

Paris appartient à la brume. Un vent glacial a vidé
les rues. La ville absurde s'est habillée de bouffe et de
guirlandes. Je frissonne dans la capote de mauvaise
étoffe, lourde et incommode, qui ne protège pas du
froid. Ce con de bus qui n'arrive pas. Je grelotte.

Il s'amène enfin. Je grimpe, le chauffeur me fixe
sans aménité, reluque mon sac marin. J'attends la
réflexion du style : « Allez dans le fond ! Vous voyez
bien que vous bouchez l'entrée ! » Suivie d'un long
discours sur le règlement et la bonté de la RATP qui
tolère ma présence à bord avec mes bagages. Je suis à
cran. Le type a dû renifler ma haine, la sentir à fleur
de peau. Un mot et je lui rentrais dans le lard. Il
s'écrase et me regarde comme si j'étais devenu trans-
parent.

Je les passe en revue. Ils sont là, le cul collé à la
moleskine, bien au chaud dans leur canadienne, l'œil
vague, les bras encombrés de boustifaille et de
cadeaux. Ils ont décidé une bonne fois pour toutes que
la guerre n'existait pas. Trop vieux, ou trop jeunes —
ça ne les concerne pas. Ils ne me voient pas.

Je sens monter ma rage. J'ai envie de leur gueuler
qu'il y a des grenades dans mon sac, qu'elles vont
péter d'une seconde à l'autre. Je veux leur faire
partager un peu la trouille que j'ai eue. Pourquoi
serais-je seul à faire des cauchemars toutes les nuits, à

entendre hurler les prisonniers torturés, à guetter les gémissements de Kérien et de l'autre gusse qui se sont fait allumer la veille de Noël dans une embuscade ?

Je cherche les regards, je provoque — le premier qui ne baisse pas les yeux, je lui pète la gueule. Tu parles ! Je descends à Vavin. La terrasse chauffée du Dôme est pleine à craquer. Il y a beaucoup de femmes. Elles sont belles. Je prends la rue Delambre et j'entre dans le premier hôtel sur la gauche.

— Je veux la chambre la plus chère, avec un bain.

Le jeune type de la réception me dévisage gravement. En me tendant les clefs, il dit :

— Alors, caporal, la guerre est finie ?

— Pour moi, oui.

Brusquement, j'ai l'impression d'avoir dit une connerie — et pas seulement parce que je lis sur le visage du portier que, pour lui, elle va bientôt commencer.

La chambre est sinistre mais bien chauffée. Je pose mon sac de mataf sur la courtepointe bordeaux. Elle est tachée de cirage noir, un malpropre a ciré ses godasses avec. À la tête du lit, une poire de porcelaine blanche pendouille sur le cadre en bois plein, orné de triangles et de grappes de raisin en relief. J'allume la lampe de chevet, moins triste que la lumière jaunâtre que diffuse le plafonnier de verre dépoli.

Dans la rue, j'entends une voix aiguë de fille qui vocifère :

— Tu m'emmerdes, à la fin... Puisque je te dis que tu m'emmerdes !

Une gifle claque, puis des talons aiguilles crépitent sur le trottoir en s'éloignant...

Me voilà debout devant le miroir ovale de l'armoire, chef-d'œuvre d'ébénisterie des galeries Barbès. C'est moi, ce clown triste ? Cet étranger dont le regard m'inquiète porterait le même nom que moi ? J'ai l'air d'un cinglé.

J'entame un strip-tease. Je suis nu devant la glace, mon uniforme s'étale comme un étron mou à mes pieds. J'ai perdu treize kilos à crapahuter. 1 mètre 70, 70 kilos... Le cheveu court, une moustache, deux bras, deux jambes, une paire de couilles, une bite. Entier — je suis vivant. Dans la chambre voisine, un lavabo glougloute.

Le « Gros » a maigri. Je fais une promesse à Nonosse : JAMAIS PLUS JE NE PORTERAI D'UNIFORME.

Je me plonge dans l'eau chaude du bain qui fume. C'est le premier depuis des mois. Mon corps se dénoue, la chaleur émousse ma haine et l'amollit. Je bande, je joue avec ma queue. J'entends la voix fraternelle de Nonosse...

... *je suis désespéré parce que je n'ai pas assez vécu. Si je m'en sortais, je n'arrêterais plus de faire l'amour, à en crever...*

Quand j'ai reçu sa lettre, ils l'avaient déjà assassiné. J'ai pleuré comme un môme.

Je m'arrose d'eau de toilette, je me frictionne, je me

Achevé d'imprimer en septembre 2001
sur les presses de Dumas-Titoulet Imprimeurs
14, rue du Plateau des Glières, 42000 Saint-Etienne
pour le compte des éditions de l'Aube,
Le Moulin du Château, 84240 La Tour d'Aigues

Numéro d'édition : 624

Dépôt légal : septembre 2001

Imprimeur n°36598

Imprimé en France

parfume les aisselles, le ventre, j'arrose les poils de mon pubis. C'est un rituel de désinfection. Je me camoufle en champ de lavande.

Mon costume d'été est un peu froissé. C'est celui que je portais quand je suis parti. Sous ma chemise, j'ajuste un gilet de kapok que j'ai piqué chez le fourrier.

Je fouille dans mon sac et j'en tire mes souvenirs que j'aligne soigneusement sur la table.

Cinq grenades dont trois défensives, un pistolet automatique 9 mm avec deux chargeurs...

Je pose le poignard à plat sur la table de nuit.

— La seule chose à laquelle on tienne vraiment, c'est sa peau...

J'ai parlé tout seul, à haute voix.

Je range méticuleusement mes « souvenirs » que j'enveloppe de linge sale avant de les cacher dans mon sac. Le poignard, je le fixe contre mon mollet avec les lanières de cuir de l'étui.

Ce soir, je veux retrouver Paris, ma ville. Je veux pisser au coin des rues, marquer mon territoire comme un clebs. Le cul de Françoise... Il faut que je téléphone à Martine — et Jacqueline que j'oubliais, elle est peut-être à Paris... Mes désirs se dispersent. Je vais faire l'amour à en crever, Nonosse, et gueuler, gueuler de toutes mes forces que je suis vivant.

Dans la même collection :